Livro dos milagres

ou

I Fioretti de Santo Antônio de Pádua

Dados Internacionais de Catalogação na Publicação (CIP)
(Câmara Brasileira do Livro, SP, Brasil)

Livros dos milagres ou I Fioretti de Santo Antônio de Pádua / tradução e notas de Frei Ary E. Pintarelli. – Petrópolis, RJ : Vozes, 2025.

Título original: Liber miraculorun Sancti Antonii.
ISBN 978-85-326-7193-6

1. Cristianismo   2. Milagres - Ensino bíblico   3. Antônio, Santo, 1195-1231 I. Pintarelli, Ary E.

24-252577   CDD-231.73

Índices para catálogo sistemático:
1. Milagres : Cristianismo   231.73

Eliane de Freitas Leite – Bibliotecária – CRB 8/8415

Livro dos milagres

ou

I Fioretti de Santo Antônio de Pádua

Tradução e notas de Frei Ary E. Pintarelli

Petrópolis

Tradução do original em latim intitulado *Liber miraculorun Sancti Antonii*

Texto extraído da *Analecta franciscana sive chronica aliaque varia documenta ad historiam fratrum minorum spectantia – Edita a Patribus Collegii S. Bonaventure – Tomus III.*

© desta tradução:
2025, Editora Vozes Ltda.
Rua Frei Luís, 100
25689-900 Petrópolis, RJ
www.vozes.com.br
Brasil

Todos os direitos reservados. Nenhuma parte desta obra poderá ser reproduzida ou transmitida por qualquer forma e/ou quaisquer meios (eletrônico ou mecânico, incluindo fotocópia e gravação) ou arquivada em qualquer sistema ou banco de dados sem permissão escrita da editora.

CONSELHO EDITORIAL

Diretor
Volney J. Berkenbrock

Editores
Aline dos Santos Carneiro
Edrian Josué Pasini
Marilac Loraine Oleniki
Welder Lancieri Marchini

Conselheiros
Elói Dionísio Piva
Francisco Morás
Teobaldo Heidemann
Thiago Alexandre Hayakawa

Secretário executivo
Leonardo A.R.T. dos Santos

PRODUÇÃO EDITORIAL

Anna Catharina Miranda
Eric Parrot
Jailson Scota
Marcelo Telles
Mirela de Oliveira
Natália França
Priscilla A.F. Alves
Rafael de Oliveira
Samuel Rezende
Verônica M. Guedes

Diagramação: Editora Vozes
Revisão gráfica: Bianca V. Guedes
Capa: Ygor Moretti
Ilustração de capa: *Santo Antônio e o Menino*, pintura a óleo sobre cobre do século XVIII, de autor desconhecido, proveniente do Paço Episcopal de Leiria, no Museu de Leiria, em Portugal.

ISBN 978-85-326-7193-6

Este livro foi composto e impresso pela Editora Vozes Ltda.

Sumário

Introdução, 7

Começam alguns fatos referentes à vida e aos milagres de Santo Antônio de Pádua que, no todo ou em parte, não são narrados na Legenda maior, 9

Alguns milagres confirmados por testemunhas diante do bispo de Pádua, 65

Introdução

O grande pregador português, Padre Antônio Vieira, pronunciou nove sermões sobre Santo Antônio. Num deles, em que defende que Santo Antônio foi sal da terra, o pregador perora:

> Se a terceira propriedade do sal apostólico era não ser de uma, senão de toda a terra, quem no mundo mais sal da terra que Santo Antônio? De Lisboa, deixando a pátria, para Coimbra; de Portugal, com desejo de martírio, para Marrocos; de arribada de Marrocos para Espanha, de Espanha para Itália, de Itália para França, de França para Veneza, de Veneza outra vez à França, outra à Itália, com repetidas jornadas; com os pés andou a Europa, e com os desejos a África e, se não levou os raios de sua doutrina a mais partes do mundo, foi porque ainda as não tinham descoberto os portugueses.

Este é o Santo Antônio que nos é apresentado nesses *Fioretti*, uma coleção de milagres que os bolandistas chamaram de *Liber Miraculorum*, que os portugueses de hoje chamam de *Florinhas*, e nós, franciscanamente, preferimos dizer que são *Fioretti*, porque, além de milagres, são pregações, são evangelho, são vida. De fato, não é por nada que o papa chamou Santo Antônio de *Arca do Testamento*, e nós, na sua ladainha, o chamamos de *Trombeta do Evangelho* e *Glorioso Taumaturgo*.

Se percorrermos as suas várias *Vidas*, desde a primeira – a *Assídua* – passando pelas demais – sobretudo a *Benignitas*, a *Raimundina*, a *Rigaldina* – notamos que a vida de Santo Antônio foi sempre uma vida evangélica, como a de Jesus, sempre presente aos necessitados, junto aos sofredores, compadecendo-se de todos, como se fossem ovelhas sem pastor. E nisso ele se mostra *Fidelíssimo Filho de São Francisco*, como dizemos ainda em sua ladainha.

Sem dúvida, haveria muitos outros milagres a narrar, muitas outras histórias a recordar, igualmente importantes. Contentamo-nos com estes aqui apresentados por um autor desconhecido, num tempo que muito se aproxima do final do século XIV.

Para nós, continua a certeza do singelo responsório que cantamos:

> Se milagres tu procuras,
> Pede-os logo a Santo Antônio;
> Fogem dele as desventuras,
> O erro, o males e o demônio.
> Torna manso o iroso mar,
> Da prisão, quebra as correntes.
> Bens perdidos faz achar,
> E dá saúde aos doentes.

Blumenau, 7 de outubro de 2024.
Festa de Nossa Senhora do Rosário

Começam alguns fatos referentes à vida e aos milagres[1] de Santo Antônio de Pádua que, no todo ou em parte, não são narrados na Legenda maior[2]

---

1. A *Chronica XXIV Generalium Ordinis Fratrum Minorum*, que apresenta esta obra, não lhe dá um título específico. Sabemos que primeiramente foi chamado *Livro dos milagres*. Aqui diz apenas que se trata de "alguns fatos e milagres de Santo Antônio". Foi Luís Guidaldi que, em 1935, traduziu e publicou a obra em português e lhe deu o nome de *Florinhas de Santo Antônio,* por analogia aos *Fioretti* de São Francisco. Por se tratar de um quase gênero literário especial, hoje costumamos manter o título original italiano – *I Fioretti* –, sem traduzi-lo, a fim de conservar-lhe o frescor simbólico de bons exemplos, dignos de serem imitados e venerados.

2. Trata-se da *Vita prima* ou *Assidua*, escrita, provavelmente, por um frade menor por ocasião da solene canonização de Santo Antônio em 30 de maio de 1232. Mas esta *Vita* e as outras que lhe seguiram trazem uma quantidade de milagres de Santo Antônio que, por sua vez, passaram a fazer parte dos *Fioretti* aqui apresentados.

Capítulo 1 – Como Santo Antônio pregou em Roma diante do papa[3]

O gloriosíssimo padre Santo Antônio de Pádua foi um dos escolhidos companheiros e discípulos de São Francisco, que o próprio Santo chamava de *seu bispo*[4] por causa da vida e da fama de suas pregações. Quando, por ordem do Sumo Pontífice, pregava em Roma a inúmeros peregrinos que lá estavam para lucrar as indulgências e participar do concílio – pois lá estavam gregos, latinos, franceses, alemães, eslavos, ingleses e muitos outros de diversas línguas –, o Espírito Santo glorificou sua língua como fizera outrora com os santos apóstolos[5], de modo que todos os que o ouviam, não sem admiração, entendiam-no claramente e cada um o ouvia falar na sua língua nativa. E, na ocasião, ele falou de realidades tão sublimes e doces que despertou o espanto e a admiração de todos. Por isso, o próprio papa o chamou de *Arca do Testamento*.

Capítulo 2 – Como pregou aos peixes

Quando Santo Antônio pregava em Rimini, onde residia grande multidão de hereges, discutindo contra seus erros, desejava trazê-los todos de volta à luz da verdade. Os hereges, porém, de

---

3. Este fato e o seguinte, da pregação aos peixes, são narrados também pelos *Fioretti* de São Francisco (cf. I Fioretti de São Francisco, em Fontes Franciscanas, capítulos 39 e 40, Vozes, Petrópolis), que o autor dos *Fioretti* de Santo Antônio devia conhecer, pois, em várias passagens, usa as mesmas palavras.

4. Francisco refere-se a Antônio como a *seu bispo* na pequena carta que lhe dirige, ordenando-lhe que ensine Teologia aos frades em Bolonha (cf. Carta a Santo Antônio, em *Escritos de S. Francisco*; 2Cel, cap. 122, n. 163). Talvez o chame assim porque, naquela época, a missão de pregar era reservada aos bispos e àqueles aos quais fosse permitido esse ministério (cf. Concílio Lateranense IV, 1215, n. 10). E Santo Antônio recebera essa autorização.

5. Clara alusão ao milagre de Pentecostes, inclusive declarando a procedência dos ouvintes (cf. At 2,4-11).

coração duro como a pedra pela obstinação, não só não aceitavam as suas palavras, mas até as desprezavam e nem queriam ouvi-las[6].

Então, um dia, por inspiração divina, Santo Antônio chegou à foz do rio onde ele entra no mar e, na praia, perto do mar e do rio, começou, a modo de uma pregação, a chamar os peixes da parte de Deus, dizendo:

"Ouvi a palavra do Senhor, peixes do mar e do rio, já que os infiéis hereges desprezam ouvi-las."

E eis que, imediatamente, apareceu diante de Santo Antônio tamanha multidão de peixes, grandes e pequenos, como naquelas partes nunca fora vista; e todos mantinham a cabeça um pouco fora da água. Oxalá, pudesses ver ali peixes grandes nadando com os pequenos e os pequenos passarem, pacificamente, sob as barbatanas dos maiores e permanecerem ali; pudesses ver ali diversas espécies de peixes e alguns correndo à procura de seus semelhantes, e pareciam a pintura de um campo maravilhosamente ornado por uma variedade de cores e figuras nadando em perfeita ordem diante do Santo; pudesses ver ali as turmas dos peixes grandes e maiores como um exército ordenado chegando para o lugar da pregação; pudesses ver os peixes de tamanho médio tomarem os lugares no meio e, como que orientados por Deus, permanecerem em seus lugares sem truculência; pudesses ver a grande multidão dos pequenos se aproximarem como peregrinos à busca da indulgência e chegar mais perto do santo padre como se fora seu tutor.

De modo que nesta pregação ordenada pelos céus todos estavam em frente a Santo Antônio: primeiramente os peixes menores, em segundo lugar os de tamanho médio e em terceiro lugar os peixes maiores, onde a água é mais profunda.

---

6. Este fato aconteceu em Rimini, na foz do rio Marissa, provavelmente em 1222. Os hereges que Santo Antônio converteu eram, sem dúvida, do grupo dos cátaros, muito numerosos no norte da Itália e, entre outras verdades da fé cristã, negavam a presença real de Cristo na Eucaristia. A pregação de Santo Antônio aos peixes pode ser comparada à pregação de São Francisco às aves (cf. 1Cel, cap. 21, n. 58).

E assim, quando todos estavam em perfeita ordem, Santo Antônio começou a pregar solenemente, dizendo:

"Meus irmãos peixes, tendes muita obrigação de, à vossa maneira, agradecer ao vosso Criador, que vos deu tão nobre elemento por vossa morada, de modo a terdes águas doces e salgadas de acordo com a vossa necessidade; além disso, preparou-vos muitos abrigos para que eviteis os incômodos da tempestade; deu-os também um elemento claro e límpido para verdes os caminhos pelos quais possais andar e ver a comida com mais segurança. E, para que possais viver, o próprio Criador vos dá o alimento necessário; na criação do mundo, também vós fostes abençoados por Deus e recebestes o mandamento de vos multiplicar. No dilúvio, quando todos os animais que estavam fora da arca pereceram, vós fostes preservados sem lesão; vós fostes ornados com barbatanas e fostes fortalecidos com as forças necessárias para irdes a toda a parte, conforme vos agradar. A vós foi concedido o poder de conservar Jonas, o profeta do Senhor, e recolocá-lo na terra depois de três dias; fostes vós que oferecestes a moeda ao Senhor Jesus Cristo quando, pobre, ele não tinha com que pagar o imposto; antes da ressurreição e depois, vós servistes de alimento ao eterno Rei. Por tudo isso, muito deveis louvar e bendizer o Senhor, de quem recebestes tantos e tão singulares bens como nenhum outro animal recebeu."

A estas e semelhantes exortações alguns peixes emitiam sons, outros abriam a boca e todos, por sinais, inclinavam a cabeça como podiam, louvando o Altíssimo.

A esta reverência dos peixes, Santo Antônio alegrou-se muito em seu espírito e exclamando com voz muito forte dizia:

"Bendito seja o eterno Deus, porque mais o honram os peixes da água do que os homens hereges e melhor ouvem Sua palavra as criaturas irracionais do que os infiéis dotados de razão."

Ora, quanto mais Santo Antônio pregava, mais crescia a multidão dos peixes e nenhum deles arredava do lugar que havia tomado.

Vendo tal milagre, acorreu o povo da cidade, chegaram também os ditos hereges e, vendo tão insólito milagre, realmente digno de admiração, sentaram-se compungidos aos pés de Santo Antônio rogando-lhe que pregasse também a eles. Então, abrindo a boca, Santo Antônio pregou tão maravilhosamente a fé católica que converteu todos os hereges ali presentes e, robustecidos na fé, despediu os fiéis com alegria e a bênção.

Também os peixes, obtida a licença de Santo Antônio, partiram para as diversas direções do mar, felizes e com muita alegria, aplaudindo o Santo com a cabeça. O Santo, porém, pregando ali por muitos dias, alcançou grande fruto na conversão dos hereges.

Capítulo 3 – Como converteu um herege

Na região de Tolosa[7], o santo homem discutia acaloradamente com um certo herege muito pérfido sobre o salutar Sacramento da Eucaristia. Apesar de vencido, o herege não se convertia à fé e, depois de muita discussão, acrescentou e disse:

"Deixemos de palavras e vamos aos fatos. Se tu, Antônio, com milagres, puderes mostrar diante de todos que ali está o corpo de Cristo, prometo que, abjurada toda a heresia, submeto-me ao jugo da fé."

Como o Santo lhe respondesse que, com confiança, aceitava o desafio, o herege acrescentou:

"Pois então, vou fechar em casa o meu animal por três dias e o farei padecer de fome. Depois de três dias, trago-o aqui, na

---

7. Também os Bolandistas falam em Tolosa; Lucas Wadding, em *Annales Minorum,* diz que o episódio ocorreu em Bourges e que o herege era um judeu de nome Guyard; Bartolomeu de Pisa fala que aconteceu em Rimini e que o herege se chamava Bonelo. Realmente, os cátaros negavam a presença de Cristo no Sacramento da Eucaristia e muitos deles viviam em Rimini e no norte da Itália; mas também no sul da França havia muitos cátaros, onde, em geral, eram chamados de albigenses, por viverem na cidade de Albi. Santo Antônio pregou na Provença em 1225 e foi Custódio em Limoges em 1226.

presença de todos os presentes, e lhe mostro o alimento que preparei; ao mesmo tempo, tu estarás diante dele com aquilo que afirmas ser o corpo de Cristo. Se o esfomeado animal deixar o alimento e correr para aquele Deus que, segundo afirmas, toda a criatura deve adorar, verdadeiramente, abraçarei a fé da Igreja."

Sem demora, o santo homem deu o seu consentimento. E no dia marcado, o povo se reuniu numa grande praça e veio também o herege, cercado pela má companhia de seus cúmplices, trouxe a mula, que tinha atormentado com a fome, e também o necessário alimento.

Santo Antônio celebrou a missa ali, numa capela, e depois da missa, diante do povo reunido, trouxe o Santíssimo Corpo de Cristo e, ordenando que todos se calassem, disse à mula:

"Ó animal, em virtude e em nome do teu Criador que, embora indigno, verdadeiramente, tenho aqui presente em minhas mãos, digo-te e ordeno que, imediata e humildemente, venhas e lhe faças a devida reverência, para que, assim, a herética maldade saiba que toda a criatura está sujeita ao Criador, a quem a dignidade do sacerdote trata cada dia nos altares."

Entrementes, o herege oferecia alimento à famélica mula. Mas, ó maravilha! O animal, tão atormentado pela fome, ao ouvir as palavras de Santo Antônio, fez pouco caso do alimento e, imediatamente, abaixou a cabeça e caiu de joelhos diante do vivo Sacramento.

Pelo que muito se alegraram os católicos, e os hereges, merecidamente, caíram em confusão. E aquele dito herege, conforme prometera, tendo abjurado a toda a heresia, tornou-se fiel e obedeceu aos mandamentos da Igreja.

Capítulo 4 – Como, a convite dos hereges, Santo Antônio tomou veneno sem sofrer lesão

Uma vez, em terras de Itália, aconteceu que os hereges convidaram Santo Antônio para uma refeição. O Santo, para demovê-los de seus erros, aceitou o convite, a exemplo de Cristo, que também foi comer com os publicanos e os pecadores (cf. Mt 9,10; Lc 5,29).

E porque a consciência perturbada sempre planeja maldades, aqueles hereges que, com frequência, Santo Antônio confundia nos sermões e nas disputas, puseram alimento venenoso e mortífero diante do bem-aventurado Antônio. Mas o plano lhe foi, imediatamente, revelado pelo Espírito Santo.

E como ele, com piedosas e pacíficas exortações, os repreendesse pela maldade, os hereges, mentindo e imitando o diabo, pai da mentira, disseram que haviam feito isso somente para testar a veracidade da palavra evangélica, que diz: "Se beberem alguma coisa mortífera, não lhes fará mal" (Mc 16,18). Por isso, aconselham-no a tomar o alimento apresentado, prometendo que, se nada de mal lhe acontecesse, converter-se-iam para sempre à fé do Evangelho; mas, se temesse comer o alimento, teriam razões para julgar que existem falsidades nas palavras evangélicas.

O intrépido Antônio traçou o sinal da cruz sobre o alimento e tomando-o nas mãos disse-lhes:

"Farei isso não para tentar a Deus, mas para a vossa salvação e como destemido estimulador da fé evangélica."

Tomado o alimento, o Santo apareceu sadio e não sentiu incômodo algum no corpo. Vendo isso, os hereges converteram-se à fé católica.

Capítulo 5 – O que fez quando era Custódio em Limoges, como foi visto em dois lugares

Quando era Custódio em Limoges[8], na Semana Santa, na noite da Ceia do Senhor, na hora das matinas, Santo Antônio saiu a semear a palavra da vida ao povo reunido na igreja de

---

8. A Custódia de Limoges pertencia à Província da Aquitânia e Santo Antônio foi Custódio ali por volta de 1225-1227.

São Pedro de Quadrívio. Na mesma hora, porém, à meia-noite, os Frades Menores cantavam no convento os louvores do Senhor do ofício das matinas. Ora, o Custódio Santo Antônio estava marcado para ler uma leitura no ofício das matinas.

Porém, prosseguindo no Ofício, os frades chegaram até a leitura que Santo Antônio devia ler; subitamente, ele apareceu no meio do coro e cantou solenemente a leitura. Ora, não sem razão, todos os frades presentes ficaram espantados, pois sabiam que naquele momento o Santo estava pregando na cidade.

Mas o poder de Deus fez com que, na mesma hora, ele aparecesse com os frades no coro, onde cantou a leitura e, terminada a leitura, desaparecesse para continuar pregando ao povo a semente da vida na igreja de São Pedro.

De fato, enquanto estava cantando a leitura no coro, permaneceu em silêncio diante do povo presente naquela igreja.

Numa de suas Legendas[9], conta-se que em Montpellier aconteceu ao Santo algo semelhante. E foi assim.

No tempo em que Santo Antônio ensinava teologia em Montpellier[10], uma vez aconteceu que ele pregava numa festa solene, onde se reunira o clero e o povo. Todavia, apenas iniciado o sermão, veio-lhe à memória que lhe haviam dado um encargo e, por esquecimento, não o havia confiado a outro frade.

Na verdade, lá existia o costume de, em algumas festas especiais, dois frades notáveis cantarem o Aleluia na missa conventual. Ora, precisamente nesse dia, cabia ao Servo de Deus atender a este encargo. Por isso, com muito pesar, imediatamente cobriu a cabeça com o capuz, inclinou-se no púlpito como se quisesse dormir e, naquela mesma hora, o homem de Deus foi visto na igreja dos frades a cantar o Aleluia, permanecendo o corpo por longo tempo no púlpito diante de tamanha multidão.

---

9. Santo Antônio foi enviado para Montpellier em 1224. Também a Legenda escrita por Lorenzo Suriano, em 1572, narra o episódio no capítulo 20.

10. Santo Antônio foi professor de teologia em Montpellier em 1224.

Portanto, não há dúvida alguma que, assim como Deus todo-poderoso quis levar o Doutor Santo Ambrósio para as exéquias de São Martinho[11] e transportou o bem-aventurado pai São Francisco para o Capítulo Provincial de Arles[12], quando Santo Antônio ali pregava sobre a inscrição da cruz[13], da mesma forma quis mostrar por este venerável servo que, em méritos, era igual àqueles Santos. Diligentemente, terminado o encargo que lhe havia sido indicado entre os frades, logo o Santo voltou a si diante do povo e, esplendidamente, prosseguiu a pregação que havia iniciado.

Capítulo 6 – Como soprou na boca de um noviço e o libertou de uma grande tentação

No tempo em que Santo Antônio era Custódio em Limoges, um certo noviço, chamado Pedro, era gravemente tentado a abandonar a Ordem.

Então, instruído por divina revelação, o homem de Deus, tomado de solícito cuidado pelo rebanho que lhe fora confiado, sentiu imensa compaixão pela ovelhinha desviada. Inflamado pelo divino Espírito, com as próprias mãos abriu a boca do noviço, soprou-lhe dentro e disse:

"Recebe o Espírito Santo!"

Coisa maravilhosa! Assim que sentiu em si o sopro do santo padre, o jovem caiu por terra como se estivesse morto; mas quando Santo Antônio, na presença dos frades que haviam acorrido, levantou-o da terra com as próprias mãos, imediatamente o jovem recobrou os sentidos e afirmou ter sido

---

11. O fato é narrado por Sulpício Severo, na *Vita S. Martini*, cap. 48; mas, dado que Santo Ambrósio morreu em 397 e São Martinho em 400, sua veracidade é um tanto duvidosa, ou deve-se supor que Santo Ambrósio tenha ressuscitado para aparecer às exéquias de São Martinho.

12. Este episódio está descrito em 1Cel, cap. 18, n. 48, e na Legenda Maior de São Boaventura, cap. 4, n. 10.

13. *Jesus Nazareno, Rei dos Judeus* (Jo 19,19).

arrebatado ao coro dos anjos e narrou ter visto ali os maravilhosos segredos de Deus.

Porém, querendo o Santo que o milagre não fosse atribuído a ele, mas ao poder de Deus, ordenou ao noviço que cuidasse de não falar a ninguém do que lhe havia sido revelado.

Desde então, toda a tentação se afastou dele, e até, como ele próprio referiu por todo o tempo que viveu na Ordem, nunca mais sentiu o aguilhão da tentação e, revestido da força do Alto, perseverou na santa conversão e foi exemplo para os outros.

Capítulo 7 – Como libertou um monge atormentado pela tentação da carne

Pelo mesmo tempo, o santo Pai foi conduzido por Deus para a Abadia de Solesmes[14], na Diocese de Limoges.

Um certo monge do mesmo mosteiro há muito sofria, diariamente, de uma grave tentação da carne. Embora alimentasse o corpo com jejuns, vigílias e orações, não tinha resultado algum contra aquele tormento e mau impulso, pois Deus reservava a cura e o remédio ao bem-aventurado Antônio.

Quando o monge ouviu falar da santidade de Santo Antônio, foi ter com ele, confessou seus pecados, com confiança descobriu-lhe a tentação e, fiel e humildemente, pediu-lhe orações e ajuda.

Então, o santo e piedoso homem levou o monge à parte, despiu sua própria túnica e deu-a ao homem em perigo para que a vestisse. Assim que a vestiu, como por uma força deixada na túnica por tanta pureza de coração e pela limpeza do castíssimo corpo de Santo Antônio, aquele impulso se conteve. Desde então, nunca mais os movimentos da carne acometeram aquele monge, como ele próprio testemunhou muitas vezes e a muitas pessoas.

---

14. A abadia de Solesmes, pertencente à Ordem de São Bento, muito célebre naquele tempo, não era muito distante de cidade de Sablé, junto ao rio Sarthe.

Capítulo 8 – Como restituiu os cabelos arranca-dos da cabeça de uma mulher que lhe era devota

Na mesma cidade, vivia uma mulher muito devota dos fra-des, que, por vezes, comprava-lhes as coisas de que tinham neces-sidade. Ela tinha um marido ciumento e, além disso, indevoto.

Ora, um dia aconteceu que a mulher ficou ocupada com as necessidades dos frades até tarde. Quando, à noite, voltou para casa, o marido a repreendeu e disse:

"Só agora voltas da casa dos teus amados?"

E ela:

"É verdade, venho dos Frades Menores que muito estimo por causa de Deus e, por isso, demorei tanto."

Num ataque de ira, o marido a agarrou com força pelos cabelos, girou-a tanto de um lado para outro que lhe arrancou toda a cabeleira. Vendo isso, a mulher recolheu os cabelos e, iluminada pela fé, colocou-os ordenadamente sobre um tra-vesseiro e reclinou a cabeça sobre eles.

Na manhã seguinte, enviou um recado a Santo Antônio, pedindo-lhe que viesse logo à sua casa, porque não se sentia bem. O santo homem, porém, pensou que, talvez, ela quisesse confessar-se e, por isso, apressou-se em chegar até ela. Ao que ela lhe diz:

"Frei Antônio, eis o que sofri por amor a vossos frades."

E tendo narrado o que acontecera, cheia de fervor de es-pírito, acrescentou:

"Se quiserdes orar a Deus por mim, creio que Deus há de restituir-me os cabelos como eram antes."

E o Santo:

"Ó mulher, então, foi para isso que me mandaste vir cá?"

E voltando para casa, mandou chamar os frades, contou-lhes tudo o que acontecera à mulher e o que humildemente pedia. E disse:

"Rezemos, irmãos, e espero que o Senhor atenda sua fé."

E imediatamente, pela oração do Santo, os cabelos da mulher foram ordenadamente repostos na cabeça como antes.

Ao voltar o marido, a mulher mostrou-lhe a cabeça e narrou o que acontecera. Ele, maravilhado e, intimamente, movido de respeito a Deus, abandonada toda a suspeita e o ciúme, daí por diante tornou-se muito amigo e devoto dos frades.

Capítulo 9 – Como, por seus méritos, a chuva não tocou uma serva que trabalhava para os frades e não foi inundada pela chuva

Quando o santo homem chegou a Brives, na Diocese de Limoges, recebeu ali o primeiro domicílio dos Frades Menores e, numa gruta, em lugar remoto, construiu para si uma cela e na rocha escavou uma fonte para receber as águas que escorriam da pedra. Ali, em grande austeridade, viveu uma vida solitária, dedicando-se à contemplação.

Ora, como não tivesse um cozinheiro para preparar o alimento dos frades, o Santo pediu a uma senhora, sua devota, que lhe enviasse de sua hora os legumes com os quais reconfortar os frades, seus súditos.

Na ocasião, porém, caia muita chuva e houve uma grande inundação. Por isso, a mulher chamou uma serva e, com bons modos, pediu-lhe que fosse rapidamente à horta, preparasse e levasse as coisas necessárias para preparar a cozinha dos frades.

A moça recebeu a ordem de mau humor, alegando a inundação das chuvas. Todavia, vencida pelos pedidos de sua senhora, finalmente, a serva dirigiu-se à horta, apanhou o que era necessário para a cozinha dos frades e o levou para a casa dos frades, que ficava muito distante da cidade. Porém, embora a chuva não cessasse sequer por um momento, ela não se molhou em nenhuma parte do corpo ou de suas vestes.

Por isso, ao voltar para casa com as vestes totalmente secas, contou à sua senhora que, mesmo chovendo continuamente, a chuva, porém, não a tocou.

Porém, em louvor do Santo, Pedro de Brives, filho dessa senhora, Cônego de Noblíaco[15], com grande exultação e alegria referia com frequência esse milagre, que ouvira de sua mãe.

Capítulo 10 – Como revelou aos frades uma artimanha diabólica

Quando residia no mesmo lugar, uma noite, após as Completas, ele permaneceu em oração, conforme seu costume. Ao sair do Oratório, alguns frades viram que um grande campo de um amigo dos frades estava cheio de homens que pareciam destruir totalmente aquele campo e arrancar as espigas pela raiz. Condoídos por tamanho dano causado a seu amigo, os irmãos correram rapidamente para o homem de Deus e, em altas vozes, narraram-lhe o prejuízo causado a tão grande amigo da Ordem[16].

Respondeu-lhes o homem de Deus:

"Deixem, irmãos, deixem, e voltem à oração, porque é nosso adversário ocupado em nos proporcionar uma noite intranquila e perturbar nossas almas durante a oração. Firmemente, saibam, porém, que desta vez não causará dano algum ou prejuízo ao campo do nosso devoto amigo."

---

15. Noblíaco, hoje São Leonardo le Noblet, é uma cidade às margens do rio Vienne, onde outrora existia um mosteiro de monges. Durante a vida de Santo Antônio havia ali um colégio para cônegos seculares e regulares, com seu prior. A cidade era famosa por causa do Abade Leonardo, um santo muito popular na Idade Média.

16. As várias vezes que o texto fala do "amigo" dos frades pode ser uma referência ao "amigo espiritual", que tinha o encargo de administrar os bens dos frades, e foi instituído por São Francisco na Regra franciscana (cf. RB, cap. 4, 3) e a ele se refere também a Bula *Quo elongati* do Papa Gregório IX, depois que uma delegação de frades, da qual Santo Antônio fazia parte como Ministro da Romanha, foi enviada pelo Capítulo Geral de 1230 ao papa para que ele interpretasse algumas passagens difíceis da Regra.

Os frades obedeceram às admoestações do santo padre e aguardaram até de manhã para ver o que acontecera. Na manhã seguinte, eles foram ver o campo de todos os lados e o encontraram totalmente intacto e ileso. Nisso reconheceram a fraude do diabo, a devoção do Santo e manifestaram maior reverência à sua oração por conhecer a fraude dos demônios.

Capítulo 11 – Como predisse uma futura maldade do demônio

Uma vez, Santo Antônio pregava em São Juniano[17], na Diocese de Limoges, e se reunira tão grande multidão de povo que não podia caber na grande igreja. Por isso, o homem de Deus teve de dirigir-se a uma grande praça com todo aquele povo que se reunira.

Imediatamente, prepararam-lhe com madeira um lugar mais alto para pregar. Assim que o homem de Deus subiu àquele púlpito, iniciou a pregação dizendo:

"Sei que logo o inimigo nos fará um insulto durante o sermão; mas não temais, pois sua malícia não nos causará dano algum."

Pouco tempo se passou, e o lugar onde estava o Santo veio abaixo, sob a admiração de todos; mas não causou nenhum dano a ele, nem a algum outro.

Por isso, o povo foi tomado de grande reverência pelo homem de Deus, no qual viam reluzir o espírito da profecia; e, reparado o local, todos o ouviram com muita atenção.

Capítulo 12 – Como pregava com audácia contra os vícios

Uma vez, quando Santo Antônio pregava no sínodo de Bourges, com fervor de espírito dirigiu-se ao arcebispo nestes termos:

---

17. São Juniano era uma fortaleza às margens do rio Vienne, a oeste de Limoges. Segundo Lucas Wadding, em 1230 os frades fundaram ali um convento, onde havia uma famosa Abadia, com um colégio de Cônegos e um Arcipreste.

"Falo contigo, cornudo!"[18]

E, com tanto fervor e clareza e com sólidos testemunhos da Escritura, começou a censurar alguns vícios que lhe oprimiam a consciência que, logo o arcebispo entrou em tal compunção de espírito que lhe provocou lágrimas de devoção como jamais sentira.

Assim que terminou o sínodo, humildemente, o arcebispo chamou Santo Antônio à parte, revelou-lhe as chagas da consciência e, desde então, tornou-se mais devoto a Deus e aos frades e, com maior diligência, entregou-se ao serviço de Deus.

Capítulo 13 – Como uma abundante chuva não tocou os que ouviam o sermão

Uma vez, quando Santo Antônio convocou o povo de Limoges para uma pregação, acorreu tamanha multidão de povo que qualquer igreja era considerada pequena para acolher todas aquelas pessoas. Por isso, o Santo teve de levar o povo para um lugar mais espaçoso, onde antigamente existiam os palácios dos pagãos e que se chamava Cova das Areias, para que ali o povo pudesse ser mais bem acomodado e mais confortavelmente ouvir as celestes palavras.

E enquanto o Santo pregava ao povo com grande fervor e com palavras tão doces como o mel, mantendo atentas as pessoas que o ouviam, de repente começaram a ouvir o ribombar de trovões e ver faíscas de relâmpagos. E começou a chover torrencialmente. Temendo a tempestade e a chuva, o povo começou a agitar-se e a se dispersar. Mas o homem de Deus carinhosamente o acalmou e disse:

_____

18. O arcebispo da cidade de Bourges era Simon Sully (1218-1232), que, em 1228, com a autoridade do Legado Pontifício, convocou um sínodo contra os Albigenses. Santo Antônio pregou no sínodo e, talvez, apostrofou o arcebispo com palavras tão inusuais por se tratar de um Prelado que usava uma mitra exageradamente pontuda.

"Não vos movais nem temais a chuva, pois creio naquele cuja esperança não engana (cf. Rm 5,5) porque, simplesmente, a chuva não vos há de prejudicar."

Às palavras do homem de Deus o povo se acalmou. E aquele que prende as águas nas nuvens (Jó 26,8), o próprio Deus reteve a chuva sobre eles, de modo que, por toda a cidade choveu abundantemente; mas depois da palavra do homem de Deus, nem uma única gota caiu sobre o povo, que, atentamente, ouvia as palavras divinas.

Quando, enfim, terminou o sermão, que foi longo, todos se levantaram e, nas redondezas, viram a terra completamente encharcada e o lugar em que eles estiveram sem umidade alguma. E louvavam a Deus, que, no Santo, mostrava seu admirável poder.

Capítulo 14 – Como uma vez curou um louco com seu cordão

Uma vez, enquanto Santo Antônio pregava, um louco levantou-se do meio do povo e se pôs a perturbá-lo e a distrair os que ouviam a pregação. Contudo, gentilmente admoestado pelo Santo para que se calasse, o demente respondeu que não o faria enquanto não lhe desse o cordão.

O Santo desatou seu cordão e o entregou a ele. Abraçando-o, o louco o beijou e, logo, recuperou o juízo e o uso da razão e, sob a admiração de todos, prostrou-se diante do Santo e, dando graças a Deus por sua cura, levou todo o povo a glorificá-lo no seu servo.

Capítulo 15 – Como um anjo levou uma carta endereçada ao Ministro

Porém, numa ocasião em que Santo Antônio continuou a trabalhar muito em Pádua, pregando, ouvindo confissões e dando conselhos espirituais, fatigado desejou ter um tempo de descanso espiritual para dedicar-se à oração e à contemplação[19]. Por isso, escreveu ao Ministro pedindo-lhe permissão para retirar-se a outro lugar mais próprio para a paz e a tranquilidade de espírito.

Tendo escrito a carta, deixou-a na sala de estudo e dirigiu-se ao Guardião rogando-lhe, humildemente, que encontrasse alguém para levar a carta ao Ministro Provincial. Encontrado um portador, o servo do Senhor voltou para a sala de estudo onde devia estar a carta. E, embora a procurasse com diligência onde a havia deixado, não a encontrou.

Então, pensando que, talvez, não agradasse ao Senhor que se afastasse daquele lugar, mudou de propósito e disse ao Guardião que não precisava enviar aquela carta.

Mas, ó maravilha! Cumpridos os dias necessários para o portador ir ao Ministro com a carta e voltar com a resposta, Santo Antônio recebeu do Ministro a resposta daquilo que pedia na carta, isto é, que ele podia transferir-se para o eremitério onde desejava ir para seu consolo espiritual.

Por isso, razoavelmente deve-se crer que um anjo, à semelhança de um mensageiro, levou a carta ao Ministro para satisfazer o desejo de Santo Antônio e, por este milagre, mostrar que seu pedido fora aceito por Deus.

Capítulo 16 – Como o Abade de Vercelli pediu a Santo Antônio um comentário sobre a hierarquia angélica

Santo Antônio foi o primeiro frade que, com o consentimento de São Francisco, foi designado pelo Capítulo Geral da

---

19. Este episódio pode referir-se à pregação quaresmal que Santo Antônio realizou em Pádua, em fevereiro-março de 1231, depois da qual pediu permissão para dirigir-se ao eremitério de Camposanpietro, onde passou a primavera de 1231 em tranquila contemplação para redigir os Sermões festivos.

Ordem a dedicar-se ao estudo da Teologia, junto ao inglês Frei Adão de Marsh.

Assim, ambos se dirigiram ao Abade de Santo André de Vercelli, que, então, era considerado o mais eminente de todos os teólogos. Ele traduziu novamente do grego para o latim os livros do bem-aventurado Dionísio[20] e ornou-os de belíssimos comentários. Nesse tempo, o Estudo Geral foi transferido de Milão para Vercelli.

O abade os recebeu benignamente e tanto se edificou por sua elevação da mente que o próprio doutor abade disse ter sido instruído pelos ignorantes e, realmente, ter visto as celestes hierarquias pintadas em suas almas.

Com efeito, naqueles cinco anos que estudaram com ele, os livros do bem-aventurado Dionísio chegaram a tal serenidade de espírito e luz de sabedoria que parecia não só terem aprendido aquelas hierarquias, mas haverem-nas de fato experimentado e percorrido. Daí que o próprio venerável abade, dando testemunho de Santo Antônio no referido comentário, capítulo 3, letra u, assim diz: "Frequentemente, o amor penetra lá onde o conhecimento físico fica fora; e assim, lemos que alguns santos bispos, menos instruídos nas ciências físicas, tendo a mente iluminada por beberem na Teologia Mística, penetravam os céus e, transcendendo todo o saber natural, chegaram até o conhecimento da beatíssima Trindade. E eu também experimentei isso em Santo Antônio da Ordem dos Frades Menores pela particular familiaridade que tive com ele. Sendo ele menos versado nas ciências seculares, mas inflamado pela pureza de espírito e pelo ardor da mente tanto desejou a Teologia Mística que, fervorosa e abundantemente, a alcançou, e, por isso, dele posso dizer o que está escrito de João Batista: Ele era uma lâmpada ardente e luminosa (Jo 5,35), porque por dentro ardia de amor e por fora luzia em boas obras."

---

20. Trata-se das obras *Hierarquia Celeste*, *Hierarquia Eclesiástica*, *Os Nomes Divinos* e *Teologia Mística* de Dionísio Areopagita.

Mas o homem de Deus Santo Antônio, apesar de muito rogado pelos irmãos, não presumiu ensinar sem antes conhecer a vontade de São Francisco, que, segundo consta, deu-lhe a resposta por escrito:

"Ao meu caríssimo irmão Frei Antônio, eu, Frei Francisco, desejo saúde em Cristo. Apraz-me que ensines a sagrada Teologia aos frades, contanto que por causa do estudo não extingam o espírito da santa oração e devoção, como está contido na Regra. Saudações."

E, segundo afirmam alguns, o próprio Santo Antônio foi companheiro de São Domingos quando eram cônegos regulares[21].

---

21. Sobre aquilo que aqui se narra, é necessário acrescentar algumas observações, já que os erros são evidentes: - 1º: não é verdade que Santo Antônio foi enviado com Frei Adão de Marsh ao estúdio de Vercelli para estudar Teologia: quando Santo Antônio entrou na Ordem Franciscana, já era sacerdote, especializado em Sagrada Escritura no mosteiro da Santa Cruz, dos Cônegos Regulares de Santo Agostinho, em Coimbra; e Frei Adão de Marsh era Mestre em Teologia quando, em 1226, entrou na Ordem dos Menores (cf. Tomás de Eccleston, *Crônica*, Cap. 3, n. 20). Talvez eles tenham sido nomeados peritos ou professores, mas não estudantes; - 2º: também não é verdade que o Estúdio Geral foi transferido de Milão para Vercelli, pois em Milão ainda não havia universidades, que, então, estavam em Bolonha e Pádua; - 3º: também não é correto que Santo Antônio permaneceu cinco anos estudando em Vercelli, sob a direção do Abade Thomás. Talvez, por um erro do copista, *cinco meses* foram trocados por *cinco anos*; - 4º: erro grave é também que Santo Antônio tenha sido companheiro de São Domingos como cônego regular. São Domingos nasceu em Calarueba, na Espanha, por volta de 1170; foi associado ao capítulo dos cônegos regulares da Diocese de Osma, também na Espanha, fundou a Ordem dos Pregadores e morreu em Bolonha em 1221; Santo Antônio nasceu em Lisboa, Portugal, por volta de 1195, em 1210 entrou para a Ordem do Cônegos Regulares de Santo Agostinho, em Coimbra é ordenado sacerdote em data desconhecida, em 1220 pediu admissão à Ordem Franciscana e, em 1221, chegou às costas da Sicília vindo da África; - 5º: Aqui, na carta em que São Francisco nomeia Frei Antônio professor de Teologia, ele é chamado de "meu caríssimo irmão", embora nos Escritos de São Francisco seja chamado de "meu bispo" (cf. acima, Nota 4).

Uma vez, porém, quando um abade dos monges negros[22] pregava em Pádua e o ouviu repetir as palavras de Paulo a Dionísio, Antônio se comoveu e, por longo tempo, foi arrebatado pela doçura da palavra de Deus.

Capítulo 17 – Como, pela oração de Santo Antônio, um noviço que saiu da Ordem foi obrigado a devolver-lhe o saltério

Ora, quando Santo Antônio ensinava Teologia aos frades em Montpellier, aconteceu que um noviço abandonou a Ordem durante a noite e, furtivamente, levou consigo um saltério glosado, de grande valor, usado pelo servo de Deus para dar suas aulas. Ouvindo isso, porém, o homem de Deus muito se condoeu e, então, entregou-se à oração, de modo que, por força divina, o demônio teve permissão de encontrar aquele noviço quando, fugindo, ele atravessava uma ponte e, com voz terrível, disse-lhe:

"Volta com o saltério ao servo de Deus Antônio e à tua Ordem; caso contrário, por ordem de Deus, vou te matar e lançar-te no rio."

Terrificado e espantado, o noviço ainda tentou resistir um pouco, mas logo o demônio mostrou sua grandeza cruel e horrível e cresceu em direção a ele querendo matá-lo.

Imediatamente, tomado pelo temor divino, o noviço voltou ao homem de Deus, restituiu-lhe o saltério, reconheceu sua culpa e, entre muitas lágrimas, pediu para ser readmitido à Ordem.

Capítulo 18 – Como preservou da morte um menino que ficara num caldeirão de água fervente

Um dia, Santo Antônio chegou a uma vila para pregar. Uma mulher estava com o filho pequeno perto de uma caldeira, posta sobre o fogo a fim de aquecer a água para o banho.

---

22. Assim eram chamados os monges Beneditinos, por usarem um hábito preto, diferente do hábito branco usado pelos monges Cistercienses.

Ouvindo que Santo Antônio queria pregar, no fervor de ouvi-lo e crendo que deixava o menino na bacia, colocou-o no caldeirão. Pela pressa, esqueceu o filho na caldeira e correu para ouvir a pregação.

Quando voltava para casa após ouvir a pregação, os vizinhos perguntaram-lhe onde estava o menino. Ela, recordada que o deixara perto do fogo, e pensando que ele se tivesse queimado, começou a arrancar os cabelos, dilacerar a face e considerar-se uma miserável; correndo depressa para casa acompanhada de muitas pessoas, encontrou o pequeno na caldeira brincando com a água quente que fervia no caldeirão.

Então, todos os presentes espantaram-se ao ver que o menino não tinha queimadura alguma e, em altas vozes, davam graças a Deus e ao Santo.

Capítulo 19 – O menino morto, miraculosamente ressuscitado pelo Santo

Também, quando uma vez Santo Antônio entrou num castelo para pregar, uma mulher devota foi para a pregação deixando o filho no berço; ora, ao voltar para casa depois do sermão, encontrou o filho morto, deitado de costas no berço.

Então, voltou a Santo Antônio, com o coração partido e triste pela morte do filho, rogando-lhe, toda em lágrimas, que ressuscitasse seu filho. E o Santo, cheio de compaixão, disse-lhe duas ou três vezes:

"Vai, porque Deus te fará um favor."

Crendo nas palavras do Santo, ela voltou para casa e encontrou o filho, que deixara morto, vivo a brincar com umas pequenas pedras que antes nunca tivera.

Capítulo 20 – Como, durante a oração, Santo Antônio foi visto com o menino Senhor Jesus Cristo nos braços

Certa vez, quando Santo Antônio pregava numa cidade, foi hospedado por um certo fidalgo que lhe reservou um aposento separado para que mais tranquilamente pudesse dedicar-se ao estudo e à contemplação.

Entretanto, enquanto rezava a sós no quarto, o fidalgo andava por sua casa. Olhando, solícita e devotamente, para o lugar onde Santo Antônio rezava a sós, viu por uma janelinha que Santo Antônio segurava nos braços um menino muito bonito e alegre e o Santo o abraçava e beijava, sem cessar, contemplando a sua face.

O fidalgo, porém, espantado e alterado pela beleza daquele menino, pensava consigo de onde lhe viera tão agradável menino. Mas Santo Antônio revelou àquele fidalgo que o menino era o Senhor Jesus. Por isso, depois de terminar sua longa oração, Santo Antônio chamou o fidalgo e, depois que o menino desaparecera, proibiu-lhe que, enquanto ele fosse vivo, revelasse a alguém aquilo que vira.

Todavia, depois da morte do santo padre, o próprio fidalgo, entre lágrimas, tocados os evangelhos, revelou a dita visão[23].

Capítulo 21 – Como, pelos méritos do Santo, só pela contrição foram perdoados os pecados escritos num papelzinho

Na pregação de Santo Antônio, um homem ficou tão compungido por seus pecados que, pelos muitos gemidos, não conseguiu confessar nenhum deles. Por isso, disse-lhe o Santo:

---

23. Esta famosa visão, provavelmente, ocorreu em Camposanpietro em 1231, algumas semanas antes da morte de Santo Antônio, quando ele foi hóspede do Conde Tiso, que foi o fidalgo a ver Santo Antônio a abraçar o Menino Jesus. O episódio deixou uma marca indelével na iconografia do Santo, que é sempre representado com o livro dos Evangelhos na mão e o Menino Jesus nos braços.

"Vai, e escreve num papelzinho todos os teus pecados dos quais te lembras. Depois, traze-me o papel."

O homem fez como lhe fora ordenado e, no mesmo instante, foram-lhe perdoados todos os pecados.

Capítulo 22 – Como reconheceu o diabo que, disfarçado de agente do correio, entrara na igreja para perturbá-lo

Uma vez, numa solenidade, Santo Antônio pregava em certa igreja, quando o antigo inimigo entrou na igreja disfarçado de agente do correio e trouxe uma carta de uma certa mulher nobre, cujo filho tinha especiais inimizades.

Naquela carta, dizia-se que o dito filho fora trucidado por seus inimigos em tal lugar. Ora, Santo Antônio, que daquelas coisas nada ouvira pelos ouvidos corporais, imediatamente disse:

"Não temais, senhora, porque vosso filho está vivo e com saúde e logo estará de volta incólume. Este que agora veio é o diabo, que fez isso para perturbar a pregação."

E imediatamente o mensageiro desapareceu como uma fumaça.

Capítulo 23 – Como predisse a uma mulher grávida que o filho, que ela trazia no seio, haveria de sofrer o martírio

Um dia, Santo Antônio visitou uma mulher grávida em Anisio[24]; ela aproveitou a ocasião para pedir-lhe que em suas orações se lembrasse dela e do filho que trazia no seio.

Depois de rezar, o Santo voltou a ela e lhe disse:

"Alegra-te e tem esperança, pois o Senhor te dará um filho que será grande na Igreja de Deus, será Frade Menor e mártir e, com sua pregação, levará muitos cristãos à palma do martírio."

---

24. O lugar era Anisio, ou Anicio, hoje, na França, é Le Puy, onde Santo Antônio foi Guardião.

A mulher deu à luz um menino, a quem deu o nome de Felipe. Ele entrou para a Ordem dos Frades Menores e, depois de ter viajado bastante deste lado do mar, sob inspiração divina, por devoção, passou para o além-mar.

Mas quando a fortaleza de Azoto foi, traiçoeiramente, entregue aos sarracenos e todos os cristãos, quase dois mil, caíram nas mãos dos bárbaros, todos foram condenados à pena capital. Entre eles estava também o dito Frei Felipe, que obteve a permissão de ser decapitado por último, a fim de confortar os outros e recomendá-los ao Senhor.

Porém, sendo todos confortados por suas palavras e interrogados se queriam renegar a fé para escapar da morte, ou se queriam permanecer firmes na fé e experimentar o suplício da morte, unanimemente, todos responderam que queriam seguir o caminho que Frei Felipe escolhesse.

Então, estando todos reunidos, Frei Felipe lhes fez uma eficaz e confortadora pregação e, na fé, disse:

"Irmãos muito amados, sede firmes na fé, porque nesta noite o Senhor me revelou que, com mil almas, eu entrarei na glória do céu pelo caminho do martírio."

E assim, confortando a todos e ouvindo sua confissão, todos responderam que antes sofreriam a morte pela fé de Cristo. E, enquanto os santos homens eram degolados pela confissão da fé, Frei Felipe continuava a pregar para robustecê-los na fé.

O sultão, muito irado, ordenou que lhe cortassem as juntas das mãos, pedaço por pedaço. Já que nem assim ele deixou de pregar, mandou que o esfolassem até o umbigo; mas, porque nem por isso ele deixava de confortar os cristãos, deu ordens para que lhe cortassem a língua. Porém, mesmo sem língua, pregava, continuamente, inflamado de inextinguível fervor, até que todos foram mortos pela espada.

Sendo o último, porém, ele próprio tirou o capuz com a maior devoção e, degolado, recebeu a palma do glorioso martírio[25].

Os corpos dos Santos ficaram insepultos por quatro dias. Quando o Sultão veio ao local, muito admirado, encontrou os corpos incorruptos e não emanavam mau cheiro algum.

Pelo que, claramente, se vê que a profecia de Santo Antônio se realizou verdadeira e completamente.

Capítulo 24 – Como consertou um copo de vidro imprudentemente quebrado e, miraculosamente, encheu de vinho uma talha quase vazia

Ora, depois que foi exonerado do cargo de Custódio de Limoges, Santo Antônio ia com um companheiro[26] de Limoges para a Itália, passando pela Província da Provença. E uma certa mulher, que vivia num pequeno povoado, compadecida deles porque tinham fome, por amor de Deus levou-os para sua casa.

Por isso, como outra Marta, com extrema dedicação, pôs pão e vinho à mesa e, para servir, pediu emprestado um copo de vidro a uma vizinha. Mas Deus, querendo testar o sucesso da mulher com uma tentação, permitiu que quando a mulher foi tirar da barrica o vinho para os frades, inadvertidamente, não fechou bem a torneirinha da barrica, e o vinho escorreu pelo chão.

Também o companheiro de Santo Antônio, pegando desajeitadamente o copo de vidro, bateu-o com tanta força na mesa que o corpo se quebrou, indo cair o pé do copo de um lado e a cuba foi parar do outro lado.

Mas, pelo fim da refeição, quando quis dar a beber mais vinho aos frades, a mulher entrou na adega e encontrou quase

---

25. O *Martyrologium Franciscanum* informa que o sexagenário Frei Felipe de Anicio – Le Puy – foi martirizado em Azoto da Palestina, em 1288. O nome do Sultão era Melek-Messor.

26. Segundo Wadding, trata-se de Frei Lucas, seu companheiro constante, célebre pela doutrina e pela santidade.

todo o vinho espalhado pelo chão. Então voltou aos frades, chorando amargamente e muito aflita pela perda do vinho, revelou o ocorrido a Santo Antônio.

O Santo encheu-se de compaixão, reclinou a cabeça entre as mãos sobre a mesa e orou fervorosamente ao Senhor. E, coisa admirável! Enquanto a mulher olhava para o Santo em oração, viu que, de repente, por próprio movimento ou por impulso divino, o pé do copo, que estava de um lado da mesa, foi colocar-se sob a cuba, que estava do outro lado, e o copo ficou perfeitamente restaurado. Vendo isso e muito espantada, a mulher pegou o copo, sacudiu-o com força e percebeu que fora totalmente reparado pela força da oração.

Por isso, crendo que a força que restaurara o copo poderia restituir-lhe o vinho perdido, a mulher rapidamente correu para a adega e encontrou a barrica que antes estava com vinho pela metade, ficara tão cheia de vinho que chegava até a borda, a ponto de extravasar e ferver como ferve o vinho novo. Vendo isso, a mulher ficou muito alegre e admirada.

Assim que percebeu que sua oração fora ouvida, como discípulo da verdadeira humildade de Cristo, Santo Antônio abandonou o local para não ser honrado pelos outros.

Capítulo 25 – As maravilhas que Santo Antônio operou na Itália e, primeiro, como curou um menino aleijado

Estando na Itália, Santo Antônio ocupava seus dias com pregações e ouvia confissões continuamente.

Uma vez, ao voltar de uma pregação, andava só, por caminhos solitários, para, no seu retorno, não ser aplaudido pela multidão. Certa mulher também andava pelo mesmo caminho, tentando encontrar o Santo em algum daqueles desvios. Ela carregava o próprio filho, que era aleijado nos braços e nas pernas desde o nascimento.

Tendo encontrado o Santo, entre lágrimas e gemidos, lançou-se a seus pés e, suplicando que se compadecesse de uma mãe desolada, pediu-lhe que se dignasse fazer o sinal da cruz sobre seu filho e o abençoasse. Porque ela própria esperava que seu filho alcançaria a perfeita saúde.

O servo de Cristo, pela profunda humildade, escusava-se como podia, mas a mulher continuava a elevar o pranto e os gemidos e a insistir com ele, dizendo:

"Senhor, tem piedade de mim!"

Por isso, movido de compaixão pela aflita mãe e pelo filho doente e, sobretudo, pelo pedido do companheiro, um homem famoso pela bondade, o piedoso homem de Deus traçou sobre o doente o sinal da cruz por força e em nome de Jesus Cristo.

Ó maravilha! No mesmo instante, o menino levantou-se sadio; e aquele que a mãe, triste, carregava em seus braços, muito alegre levou-o para casa andando com a própria força.

E o santo homem, que não queria atribuir isso a seus próprios méritos, mas à fé da mulher, pediu que, enquanto fosse vivo, a ninguém contasse o acontecido.

Capítulo 26 – Uma menina entrevada e caída, perfeitamente curada pelo Santo

Uma certa menina, chamada Paduana, já estava com 4 anos de idade e ainda não podia andar, mas costumava arrastar-se por terra como fazem as serpentes, pois sofria do mal caduco: com frequência, revolvia-se por terra espumando e, miseravelmente, chocava-se com a terra.

Certa vez, seu pai, de nome Pedro, carregava-a nos braços quando, de repente, encontrou Santo Antônio, que voltava de uma pregação que fizera; pois, com grande devoção e confiança rogou-lhe que fizesse o sinal da cruz sobre sua filha.

O bem-aventurado padre, ao ver a fé sincera daquele homem, em nome da Trindade fez o sinal da cruz da cabeça aos pés da menina. Feito isso, logo o poder de Deus se fez presente, a menina ganhou firmeza no andar, de maneira que pôde caminhar, livremente, sem a ajuda de ninguém. E foi imediatamente curada também do mal caduco.

Capítulo 27 – Como preservou as vestes de uma mulher que caiu na lama

Naquele tempo, vivia em Pádua uma certa mulher nobre que acompanhava Santo Antônio quando ele ia pregar em campo aberto, seguido de uma grande multidão de povo. No caminho, a mulher foi empurrada pelos que andavam e caiu num lamaçal. Na queda, ela sujou de barro seu vestido novo, que ficou completamente cheio de lama.

Na sua angústia, humildemente recomendou-se a Deus e ao servo de Deus, porque pensava na indignação do marido se voltasse para casa com o vestido todo sujo de lama. Então, imediatamente, aproximou-se do Santo e lhe pediu que olhasse por ela.

E, ó maravilha! A mulher saiu da lama com seu vestido completamente limpo e toda a multidão dos presentes que viu o ocorrido admirada louvava a Deus e ao Santo e alegre dirigiu-se ao local para ouvir a pregação.

Capítulo 28 – Como, miraculosamente, uma mulher o ouviu pregar quando o Santo estava fora, longe de sua casa

Uma outra boa mulher, desejando seguir o homem de Deus que saíra da cidade para semear a palavra da vida, mas chorava porque fora proibida pelo marido de sair e ficou em casa muito triste. Enquanto andava pelo terraço de sua casa e por uma janela que dava para os lados daquele campo, devotamente começou a olhar, na mesma hora em que Santo Antônio pregava, para que ao menos pudesse alegrar-se com a visão daquela região, já que lhe fora negado ouvir a pregação.

É admirável dizê-lo: Enquanto a mulher olhava com a mente suspensa, imediatamente, agiu a força daquele que costuma atender os justos desejos e, com seus ouvidos, ela escutou a voz de Santo Antônio que pregava. E como ali ficasse presa por uma admirável suavidade, respondeu ao marido que, por isso, a censurava:

"Ouço Frei Antônio que prega!"

O marido zombava dela com palavras e por espírito, pois sabia que o lugar da pregação ficava a duas milhas de distância, e a voz do homem não poderia ser ouvida; mas porque a mulher afirmava que, certamente, o ouvia, o homem aproximou-se da mesma janela para poder experimentar o que a mulher afirmava.

E da mesma janela, pelos méritos da fiel mulher, junto a ela o marido ouviu claramente a voz do Santo. Pelo que deu graças a Deus e a seu servo Santo Antônio.

Daí em diante, manteve uma especial amizade com o servo de Deus e, desde então, não mais impediu a devoção da boa esposa.

Capítulo 29 – O fruto de sua pregação e como Santo Antônio restabeleceu o pé que o moço havia cortado

Com frequência, aconteceu que o homem de Deus, Antônio, na ânsia de salvar as almas, usou remédios que podiam afastar os pecadores dos seus pecados; e até, coisa mais admirável, aparecia, de noite, a muitas pessoas que dormiam e, chamando-as pelo nome, conforme diziam os frades, acrescentava:

"Levanta-te e dirige-te a tal frade ou a tal sacerdote e confessa-lhe tal pecado, que em tal tempo foi por ti cometido em tal lugar."

E, todavia, ninguém mais sabia do pecado, senão Deus. E assim, por esse caminho, muitos pecados que, por vergonha, de modo algum ousavam confessar, foram expiados pelo sacramento da confissão.

Uma vez, porém, aconteceu que um moço de Pádua, cujo nome era Leonardo, entre outros pecados, confessou ao homem de Deus que raivoso dera um pontapé na sua mãe, que, pela força do grande impulso, caiu por terra. Horrorizado por tal fato, o homem de Deus censurou-o com fervor de espírito e, entre outras palavras de repreensão, disse:

"O pé que bateu no pai ou na mãe deveria ser, imediatamente, cortado."

O moço, porém, que era um homem simples, não entendendo corretamente, por causa da culpa, ficou triste e, pela áspera repreensão do Santo, voltou para casa e, no mesmo instante, cortou o próprio pé.

A notícia de tamanho sacrifício correu logo toda a cidade e chegou aos ouvidos da mãe do Leonardo. Ela, voltando às pressas para casa, viu o filho mutilado; quando soube da causa, foi até os frades e, vociferando, acusou Frei Antônio de ter matado seu filho por causa do pecado.

O Santo, porém, consolou-a e, legitimamente, escusou-se. Logo foi ter com o moço e, feita uma oração ansiosa e devota, uniu o pé à perna, fazendo ao mesmo tempo o sinal da cruz e passando suas sagradas mãos friccionava o corte para que saldasse. E imediatamente o pé, assim inserido, consolidou-se à perna.

Logo o moço se levantou, exultando de alegria e incólume, saltando e louvando a Deus[27].

Capítulo 30 – Como falou com audácia contra um homem sanguinário e se recusou a receber seu presente

Houve um certo homem poderoso, mas que era um tirano muito cruel, chamado Ezzelino[28] de Romano, que tiranizava

---

27. O mesmo caso é também encontrado na *Vida de São Pedro de Verona*, mártir, da Ordem dos Pregadores, mas lá não se diz o nome do lugar, nem do moço e que o Santo foi interpelado pelo pai, não pela mãe como aqui.

28. Ezzelino de Romano foi um tirano que terrorizou Verona e Pádua no início do século XIII. Deve ter nascido em Treviso e morreu numa batalha em Milão, em outubro de 1259. Ele é mencionado também na *Crônica* de Frei Salimbene de Adam de Parma.

em Pádua e lugares próximos; no princípio de sua tirania promoveu uma enorme matança de homens em Verona.

Ouvindo isso, o intrépido Padre Antônio resolveu ir ter com ele pessoalmente. Vendo-o, começou a censurá-lo com estas palavras:

"Ó inimigo de Deus, tirano muito cruel e cão raivoso, quando deixarás de derramar o sangue indefeso dos cristãos? Eis que sobre ti cairá a duríssima e horrenda sentença de Deus."

E disse-lhe muitas outras coisas gravíssimas e ásperas. Os guardas, porém, que estavam ao redor, esperavam que, conforme o costume, ele ordenasse que o massacrassem imediatamente; mas, por disposição divina, aconteceu algo diferente.

Pois o próprio tirano, compungido por tais palavras e abandonada toda a ferocidade de espírito, feito um cordeiro muito manso, logo se prostrou diante do homem de Deus com uma corda ligada ao pescoço. E, não sem espanto de todos os presentes, humildemente confessou sua culpa, prometendo emendar-se de tudo, conforme a vontade do Santo.

Depois, disse a seus espantados cúmplices:

"Companheiros de armas, não vos admireis com isso. Na verdade, digo-vos que vi sair um certo fulgor divino do rosto desse padre; e isso me aterrorizou de tal modo que, pela própria terrível visão, julguei que me lançaria no mais profundo inferno."

Depois disso, dedicou-lhe grande devoção e, enquanto o Santo viveu, deixou de praticar muitas maldades que antes cometia, como o próprio tirano confessou.

Ora, como o Santo, com frequência, pregava, audazmente, contra as crueldades do dito tirano, querendo astutamente experimentar a retidão e a inflexível justiça do homem de Deus, enviou-lhe um bom presente por mãos de seus servos, dizendo-lhes:

"Com a maior humildade e devoção que puderdes, de minha parte, apresentai esse presente a Frei Antônio. Se ele o aceitar, matai-o imediatamente; mas se, com indignação, o rejeitar, tendo suportado com paciência tudo o que ele disser, voltai sem fazer-lhe mal algum."

Quando aqueles fraudulentos servos se apresentaram diante do Santo, com toda a reverência lhe disseram:

"Teu filho Ezzelino de Romano recomenda-se às tuas orações e pede que aceites este pequeno presente que ele te envia com devoção, para que peças ao Senhor pela salvação de sua alma."

Mas o bem-aventurado Antônio, dizendo-lhes muitas afrontas com grande indignação, rejeitou todo o presente, afirmando não receber nada que fosse fruto de roubo dos homens, mas que todas as coisas fossem para eles causa de perdição e que, imediatamente, voltassem de onde vieram, para que sua casa não fosse manchada pela presença deles.

Confusos, eles voltaram ao tirano. Quando narraram tudo o que havia acontecido, disse-lhes ele:

"É um homem de Deus; deixai-o ir e que, daqui por diante, diga de mim o que quiser."

Capítulo 31 – Sua austeridade de vida, sua enfermidade corporal e sua devotíssima morte

Ora, já que por toda aquela Quaresma até Pentecostes Santo Antônio saciou o povo de Pádua com o alimento da palavra de Deus, por isso, tendo chegado o tempo de ceifar as messes, transferiu-se para um lugar solitário, chamado Camposanpietro, para ali dedicar-se, com mais tranquilidade, à oração e ao estudo da Sagrada Escritura.

O proprietário, chamado Tiso[29], que era amigo dos frades e os sustentava às próprias custas, recebeu-o com grande devoção, como se fosse um anjo enviado por Deus. A pedido de Santo Antônio, ele mandou construir três celas de ramos de árvore sobre uma nogueira grande e frondosa, nas quais Frei Antônio e seus dois perfeitíssimos companheiros, isto é, Frei Lucas[30] e

---

29. Cf. nota 23.

30. Bartolomeu de Pisa informa que Frei Lucas, companheiro de Santo Antônio e célebre pela santidade, pela ciência e pela pregação está sepultado na capela ao lado de Santo Antônio. Lucas Wadding acrescenta que pertencia a uma família nobre de Belluno. De Frei Ruggero não

Frei Ruggero, pudessem tranquilamente dedicar-se à oração e à contemplação.

Pouco tempo depois, porém, começou a sentir que lhe faltavam as forças físicas e, então, pediu que o levassem para o convento de Pádua; mas, porque vinham a ele muitas pessoas, o homem humilde, para fugir às honras e aos aplausos, dirigiu-se para o lugar de morada dos frades que serviam no mosteiro das Senhoras Pobres[31] fora dos muros de Pádua. Ali, agravando-se a doença, depois de proferir palavras de edificação e mostrar sinais de devoção, aquela alma santíssima passou deste mundo para o Pai[32].

No total, foram trinta e seis os anos de vida do bem-aventurado Antônio: ele viveu 15 anos na casa paterna, dois anos no mosteiro de São Vicente e nove anos no mosteiro da Santa Cruz, em Coimbra. Por fim, viveu mais dez anos na Ordem de São Francisco, onde feliz acabou seus dias, célebre por muitos sinais e milagres.

Capítulo 32 – Como, depois da morte, apareceu ao Abade de Vercelli e o curou

Ora, no mesmo dia em que o bem-aventurado Antônio passou desta para a outra vida, o Abade de Vercelli[33], famoso

---

se tem outras notícias, senão que era um dos companheiros prediletos de Santo Antônio.

31. Mosteiro das Senhoras Pobres, isto é, mojas de Santa Clara.

32. Era o dia 13 de junho de 1231 e o mosteiro das Senhoras Pobres era o de Arcella, fora dos muros de Pádua; além disso, era uma sexta-feira e Santo Antônio só foi sepultado na terça-feira seguinte, com grande acompanhamento de povo. Por isso, em muitos lugares da Ordem dos Frades Menores, às terças-feiras costuma-se celebrar um dia especial dedicado a Santo Antônio.

33. O texto parece dar a entender que este abade do mosteiro de Vercelli é o mesmo Abade Thomás que lá estava quando Frei Antônio e Frei Adão de Marsh foram enviados para estudar teologia. Mas deve tratar-se de engano, pois o Abade Thomás falecera em 1226 e agora já estamos em 1231.

e versado nas Sagradas Escrituras, estava só em sua cela, totalmente absorto na meditação das realidades divinas.

Enquanto era vivo, Santo Antônio dedicou singular amizade ao abade e, com frequência, ambos edificavam um ao outro com conversas sobre as Sagradas Escrituras. Por isso, num comentário seu, o abade disse de Santo Antônio:

"Frei Antônio, da Ordem dos Frades Menores, iluminado pela graça de Deus, bebeu plenamente o sentido místico da pura teologia."

Por isso, enquanto o abade estava só, na mesma hora em que o servo de Deus morria, Santo Antônio apareceu-lhe, entrou na cela e depois de, com benevolência, saudarem-se mutuamente, o santo homem acrescentou:

"Eis, senhor abade, que, deixado o meu burrinho em Pádua, vou com pressa para a pátria."

E logo, tendo tocado familiarmente o abade na garganta, de que, então, sofria com gravidade, imediatamente o libertou da doença e, saindo, desapareceu.

Mas pensando que, talvez, tivesse viajado para a pátria de origem, isto é, a Espanha[34], pois ignorava totalmente o seu falecimento, para ao menos retê-lo um pouco, o abade levantou-se e, não o encontrando fora, indagados os servos do mosteiro, perguntava-lhes ansiosamente onde estava Frei Antônio.

Todos responderam que ele não estivera ali e ignoravam totalmente onde estivesse. O abade afirmou que ele o vira claramente e que ele lhe havia dito tais coisas e que o próprio Santo o curou e logo saiu.

E mandou alguém para a casa dos frades, que ficava naquela cidade, a ver se, acaso, ele estivera ali. Não o tendo encontrado, o referido abade voltou a si e, com toda a certeza,

---

34. Trata-se, sem dúvida, de um erro do redator, pois a pátria de Santo Antônio é Portugal. A não ser que por Espanha se entendam os dois países da Península Ibérica, como às vezes acontece em alguns escritos.

compreendeu que o bem-aventurado padre havia morrido e caminhava feliz para o convívio da pátria celeste.

E, anotando diligentemente o tempo em que tudo aconteceu, ficou sabendo que, de fato, na mesma hora em que lhe apareceu, ele passava desta vida.

Capítulo 33 – A solenidade de sua canonização e os milagres

Portanto, a partir do dia de sua morte, por iluminação da face divina, começaram a resplandecer infinitos milagres, a se realizarem prodígios e a se perpetrarem maravilhosos sinais. Quando esses fatos chegaram aos ouvidos do senhor Papa Gregório IX, relatados por solenes mensageiros de Pádua, após prévio exame e madura deliberação, no dia de Pentecostes, o próprio papa, com indescritível solenidade, mandou ler os milagres perante os Prelados e a multidão do povo. Sendo aprovados por todos, em nome da Trindade, fez o sinal da cruz e inscreveu o bem-aventurado Antônio no catálogo dos Santos, decorridos apenas 11 meses de sua morte[35].

A seguir, após ter cantado solenemente o *Te Deum laudamus*, em alta voz começou a antífona dos Doutores: "*O Doctor optime, Ecclesiae sanctae lumen*" [Ó ótimo Doutor, luz da Santa Igreja], que foi solenemente cantada por todo o clero[36]. Depois do versículo, com muita devoção, terminou com a oração própria.

No mesmo dia, toda a população de Lisboa, onde esse Santo nascera, celebrava a solenidade na maior alegria. Todavia,

---

35. Isso ocorreu em Spoleto, no dia de Pentecostes, 30 de maio de 1232. A festa de Santo Antônio foi marcada para o dia de sua morte, 13 de junho.

36. Santo Antônio foi canonizado como confessor da fé. Ter-se-ia enganado o Papa Gregório IX ao entoar-lhe uma antífona do Ofício dos Doutores? Ou foi profecia? Santo Antônio foi proclamado Doutor da Igreja em 1946, pelo Papa Pio XII, com a Carta Apostólica que inicia assim: *Exulta, o felix Lusitania; gaude, o felix Padua*.

absolutamente todos ignoravam a causa de tamanha exultação, pois simplesmente não chegara a notícia de que naquele dia o Santo seria canonizado. E, o que foi mais admirável, até os sinos daquela cidade começaram a soar por si mesmos, sem que ninguém os tangesse, para que, por assim dizer, as vozes dos sinos entoassem a glória de tamanho padre.

Pouco tempo depois veio-se a saber que naquele dia o bem-aventurado Antônio fora glorificado com a graça da canonização. Vendo a cidade enobrecida pelo fulgor de tantos milagres, o altar-mor da igreja Catedral foi honrosamente dedicado ao próprio Santo Antônio, cuja festa começou a ser anualmente celebrada com prodígios durante os anos seguintes.

Capítulo 34 – O menino afogado que foi livrado da morte

Ora, na mesma cidade de Lisboa, um menino, de nome Aparício, sobrinho de Santo Antônio, foi à praia com outros companheiros e tomaram um barco para passear.

Logo, porém, levantou-se uma grande tempestade e, agitado pelo furor dos ventos, o barco, imediatamente, submergiu com eles a bordo; mas os companheiros, porque eram de mais idade e sabiam nadar, fugiram da morte; só Aparício foi logo para o fundo como uma pesada pedra e acabou sufocado pelo turbilhão das águas.

Quando ouviu isso, a mãe dele correu para a praia, aos gritos e chorando muito, e, entre lágrimas, pedia aos pescadores que, se pudessem, lançassem as redes ao mar a fim de retirar o filho para, ao menos, vê-lo morto.

Lançando as redes, os pescadores logo pegaram o corpo do menino como um peixe e o entregaram à triste mãe que ali chorava inconsolável. Entretanto, chegaram ao local também os parentes e amigos e, entre lágrimas e lamentos, levaram-no para casa. E, tentando tirar dele a água que havia bebido, ergueram-no com os pés para cima e a cabeça para baixo. Mas, nem assim, o menino voltou a si e não deu sinal algum de vida.

Resolveram, então, de comum acordo, levá-lo à sepultura no dia seguinte. Sua mãe, porém, com grande confiança em Deus e em seu servo Santo Antônio, de modo algum permitiu isso e, em altas vozes, invocava o Santo com grande devoção, prometendo firmemente que, se ressurgisse, entregá-lo-ia à Ordem.

Na verdade, no terceiro dia, à vista de todos os presentes, levantou-se aquele que estava morto e tornou a viver. Diante desse milagre, com grande alegria, todos os presentes, com muita devoção, ergueram louvores a Deus e a Santo Antônio.

Mas sua mãe, recordando o voto que fizera, assim que o menino cresceu, livremente o entregou à Ordem. Mais tarde, enquanto levava entre os frades uma vida cheia de virtudes, ele próprio narrava aos frades as maravilhas que Deus lhe havia feito por meio de Santo Antônio.

Capítulo 35 – Como uma videira seca logo reverdeceu e produziu uvas e vinho

Uma vez, quando algumas pessoas conversavam entre si sobre os milagres dos Santos, um daqueles homens começou a louvar muito os prodígios de Santo Antônio. Entre outros milagres, recordou aquele do copo de vidro que um incrédulo lançou do alto sobre as pedras e, mesmo assim, o copo não se quebrou.

Ouvindo isso, um outro, como que para zombar, tomou um copo de vidro vazio e segurando na mão alguns ramos secos de videira, disse:

"Se, destes ramos, o bem-aventurado Antônio fizer nascer uvas e, desse modo, este copo se encher de vinho, julgo que isso é um milagre. E, então, acreditarei no milagre que nos contaste do copo que não se quebrou."

Coisa maravilhosa de contar! Subitamente, aquelas videiras reflorescem e se adornam de folhas verdes; depois nascem uvas, florescem e amadurecem; por fim as uvas são esmagadas, produz-se o vinho e o copo ficou completamente cheio.

Vendo o milagre, todos os presentes se admiraram, e de escarnecedores de milagres tornaram-se louvadores de Deus e de Santo Antônio.

Capítulo 36 – Como ressuscitou dos mortos a filha do rei de León[37]

A rainha de León tinha grande confiança em Santo Antônio. Quando morreu sua filha de 11 anos, contra a vontade do rei[38] e dos barões da corte, ela a manteve morta em casa, orando e dizendo:

"Santo Antônio, eu vim da tua pátria. Devolve-me a minha filha."

Como resultado de sua grande devoção, a filha ressuscitou e, logo, repreendeu sua mãe, dizendo:

"Que Deus vos perdoe, mãe. Pois eu estava entre as virgens na glória e, por vossas preces, o bem-aventurado Antônio orou ao Senhor com tanta insistência que me restituiu a vida e me enviou a vós. Uma coisa, porém, deveis saber: o Senhor me prometeu que não permanecerei convosco senão por 15 dias."

---

37. Sabe-se que o Rei Afonso IX, de León, teve três mulheres com o título de rainha; duas delas eram de Portugal: a 1ª foi Teresa Sanches, filha do Rei Sancho I de Portugal, com a qual se casou em 1191 e com ela teve três filhos, mas o casamento foi anulado pelo papa em 1194, por motivo de consanguinidade; a 2ª mulher foi Berengária de Castela, filha do Rei Afonso II, com a qual se casou em 1197 e teve cinco filhos, mas pelo mesmo motivo o casamento foi anulado em 1204; a 3ª foi Teresa, filha do português Gil Vasques de Soverosa e de Maria Aires de Fornelos e ficou casada de 1218 a 1230. No entremeio, Afonso IX conviveu com várias concubinas, com as quais teve filhos. O que não se sabe é qual das duas Teresas era a mãe da menina de 11 anos que morreu e foi ressuscitada por Santo Antônio.

38. Trata-se ainda de Afonso IX, que morreu a 24 de setembro de 1230. Portanto, a ressurreição da menina de 11 anos pode ter ocorrido ainda em vida de Santo Antônio.

Capítulo 37 – Como um herege que se fingia de cego para zombar dos milagres do Santo ficou totalmente cego e, tendo-se convertido, começou a enxergar novamente

Quando o bem-aventurado Antônio brilhava em Pádua com muitos milagres, alguns hereges zombavam de seus prodígios, querendo proclamar, publicamente, que tais milagres eram falsos. Assim, foram a Pádua, vendaram os olhos de um deles com uma tira de pano molhada de sangue e, chorando, gritavam em alta voz diante do túmulo do Santo, dizendo que seu colega fora injustamente cegado e, por isso, pediam ao povo que todos suplicassem a Santo Antônio que lhe iluminasse os olhos.

Como ficassem ali pelo espaço de uma hora, aquele que se fingia de cego começou a clamar em alta voz:

"Santo Antônio, restitui-me a visão."

Então, os companheiros acorreram e, tirando a venda que tinha sobre os olhos, a fim de perante o povo escarnecer pelo fingido milagre, ambos os olhos permaneceram sobre a venda; e, assim, aqueles que eram zombadores foram miseravelmente zombados.

Aterrorizados pelo ocorrido e com o coração compungido, confessaram publicamente a fraude e, assim, depois de fazerem uma devota oração, todos obtiveram a luz da fé e aquele homem mereceu de Santo Antônio a luz dos olhos.

Capítulo 38 – Outro herege, zombando dos milagres do Santo, tornou-se leproso; mas, convertido e contrito, foi curado da lepra

Ao ouvir falar da fama dos milagres de Santo Antônio, um certo leproso pediu para ser transportado para Pádua. No caminho, encontrou um militar herege que, zombando dos milagres de Santo Antônio, lhe disse:

"Para onde vais, miserável? Que tua lepra caia sobre mim, quando Antônio puder livrar-te dela."

Mas, cheio de confiança, o leproso pôs-se sob o sepulcro de Santo Antônio e, devotamente, pediu sua ajuda. Ele estava lá a dormir quando Santo Antônio apareceu, dizendo:

"Levanta-te rapidamente, porque estás curado da lepra e vai àquele militar que ria dos meus milagres e entrega-lhe as tuas matracas[39], porque ele está apodrecendo com tua lepra."

O pobre levantou-se sadio e dirigiu-se ao dito militar, que estava leproso por sua incredulidade, e lhe disse:

"Santo Antônio ordenou-me que te trouxesse as matracas que usei como leproso."

Aquele militar, porém, arrependido do seu pecado, fez a promessa a Santo Antônio de nunca mais zombar dele, e ficou curado da lepra.

Capítulo 39 – Como Santo Antônio apareceu a paduanos que queriam matar o Capelão e os fez desistir de sua intenção

Uma vez, alguns paduanos montaram guarda numa estrada à espera de matar um certo presbítero. E eis que Santo Antônio apareceu-lhes visivelmente e lhes disse:

"O que estais fazendo aqui? Ide embora, logo!"

Eles responderam:

"Também tu, bom frade, vai pelo teu caminho, pois, de modo algum, sairemos daqui!"

E quando o Santo disse:

"Nem eu sairei daqui!"

---

39. Matracas eram instrumentos de madeira que os leprosos usavam para que, fazendo ruído, indicassem sua presença e ninguém se aproximasse deles.

Eles lhe disseram:

"Quem és tu, que te atreves a dar-nos ordens?"

Respondeu ele:

"Eu sou Santo Antônio."

Aterrorizados, imediatamente, eles caíram por terra e o Santo desapareceu. Eles, porém, aproximaram-se mansamente do seu inimigo, contaram-lhe a visão que tiveram e assinaram a paz com ele.

E o fato foi publicamente divulgado pela cidade.

Capítulo 40 – Como um certo militar foi curado por Santo Antônio de um ferimento no braço e, por ele pensar em vingança, o ferimento voltou

Um certo militar, num combate havido, foi tão gravemente ferido no braço que nenhum remédio dos médicos pôde curá-lo. Tendo feito uma promessa a Santo Antônio, a saúde anterior foi imediatamente restabelecida.

Mas, assim que se viu curado, o militar foi ingrato pela graça recebida e, logo, pensou em vingar-se do ferimento de que havia sido muito bem curado.

Na noite seguinte, porém, Santo Antônio fez que voltasse o ferimento anterior. E, assim, a ingratidão foi punida.

Capítulo 41 – Por intercessão de Santo Antônio, um menino foi curado de uma inflamação no pescoço; porque a mãe foi negligente em cumprir a promessa que fizera, a doença voltou; mas, depois, ele foi completamente curado

Um menino de Pádua, cujo nome era Henrique, sofria gravemente de uma inflamação no pescoço. Então, se o menino fosse curado, a mãe fez a promessa de levar ao sepulcro de

Santo Antônio um pescoço de cera. E o menino foi, imediatamente, curado.

Mas sua mãe descuidou-se de cumprir a promessa. O pescoço do menino inflamou-se novamente e as dores aumentaram demais.

Por isso, consciente de sua culpa, a mãe se condoeu muito e entregou ao Santo o prometido pescoço e, logo, o menino ficou curado.

Capítulo 42 – Como Santo Antônio curou um surdo-mudo

Um certo abade manteve por vinte e cinco anos um surdo-mudo como seu servo fiel. Compadecido dele, prometeu a Santo Antônio que, se lhe restituísse a saúde, oferecê-lo-ia para sempre como guarda de seu altar.

Tendo enviado o servo ao sepulcro de Santo Antônio, imediatamente alcançou a perfeita saúde e lá ficou ele a guardar a igreja.

Capítulo 43 – Como, depois de uma promessa, Santo Antônio ressuscitou dos mortos o filho de sua irmã, que se afogara

Na cidade de Lisboa[40], o filho da irmã de Santo Antônio teria, talvez, cinco anos, quando foi brincar no mar com outros meninos e com eles entrou num barco. E aconteceu que o barco virou. Os outros meninos, que sabiam nadar, saíram logo do mar; só o sobrinho de Santo Antônio submergiu e se afogou.

Três horas depois, a mãe do menino chegou e recebeu dos pescadores o corpo do filho morto. O pai, porém, queria sepultá-lo, mas a mãe clamava:

---

40. É evidente que se trata do mesmo episódio narrado no Capítulo XXXIV.

"Ou o deixas comigo, ou sepulta-me com ele."

E, voltando-se a Santo Antônio, entre lágrimas, disse:

"Meu irmão, se és piedoso e admirável para os estranhos, serás cruel com tua irmã? Tem piedade de mim e restitui-me agora o filho. Pois te prometo que o darei para o serviço na tua Ordem."

O menino logo ressuscitou ileso e, cumprindo a promessa de sua mãe, viveu santamente na Ordem.

Capítulo 44 – Como Santo Antônio curou a filha da rainha de Portugal

Certa ocasião, Dona Aldonça, filha de Dona Teresa[41], rainha de Portugal, foi acometida de uma doença tão grave, que foi abandonada pelos médicos por não terem nenhuma esperança de vida.

A rainha, sua mãe, andava muito angustiada vendo que a filha morria. Por isso, com muitas lágrimas, dirigiu-se a Santo Antônio, e, devotamente, implorava seu auxílio, dizendo:

"Ajuda-me, padre santíssimo, porque tu tiveste origem no mesmo reino. Por isso, roga ao Senhor por mim, para que conceda a saúde à minha filha."

Era por volta da meia noite, a menina Aldonça adormeceu um pouco e viu Santo Antônio, que lhe dizia:

"Não me conheces?"

Ele negou que o conhecesse, por isso, ele continuou:

---

41. Aqui o redator confundiu-se um pouco, porque Portugal nunca teve uma rainha com o nome de Teresa. Trata-se de uma portuguesa com a qual Afonso IX conviveu entre os anos de 1214-1218 e com ela teve três filhos. Chamava-se Aldonça Martins da Silva, filha de Martins Gomes da Silva e de Urraca Rodrigues. O nome de uma de suas filhas era, precisamente, Aldonça Afonso de Leão, que se casou primeiro com Diego Ramires Froilaz, com quem não teve filhos e, em segundas núpcias, com Pedro Ponce de Cabrera, filho de Ponce Vela de Cabrera, donde se originou a família dos senhores Ponce de León, duques de Arcos.

"Eu sou Santo Antônio e vim a ti chamado pelas orações de tua mãe. Por isso, tu deves escolher uma das duas propostas que te farei: ou morrerás já, o Senhor te perdoará os teus pecados e hoje mesmo estarás comigo no paraíso; ou permanecerás mais no mundo com tua mãe e eu, logo, restituir-te-ei a saúde."

A menina escolheu a saúde corporal e foi logo curada. Mas, na visão, agarrou-se ao cordão que Santo Antônio trazia à cintura, começou a chamar a mãe em alta voz, dizendo:

"Senhora, minha mãe, eis aqui Santo Antônio que me curou."

Imediatamente, a rainha acudiu com as outras damas e, encontrando a menina sadia, todas deram muitas graças a Deus e a Santo Antônio.

Capítulo 45 – Como Santo Antônio ressuscitou dez meninos que se afogaram

Um certo nobre, tendo ouvido falar dos milagres de Santo Antônio e não podendo ter filhos, dirigiu-se ao sepulcro de Santo Antônio, a fim de pedir-lhe que impetrasse de Deus a graça de ter filhos; e se isso acontecesse, ele visitaria anualmente o túmulo do Santo com o filho.

Tendo voltado para casa, sua esposa concebeu e deu à luz um filho com saúde.

Quando o menino tinha 7 anos, o pai deixou-o doente em casa e, no dia de Santo Antônio, foi a Pádua para cumprir a promessa que havia feito.

Nesse meio-tempo, estando ele ausente, o menino convalesceu e readquiriu a saúde. E aconteceu que ele foi brincar com outros nove meninos no leito seco de um rio, cujas águas haviam sido represadas por meio de um dique, formando um lago, a fim de ter água com a qual regar os campos.

Ora, sucedeu que, de repente, o dique se rompeu e a água saiu com força, envolvendo e afogando os ditos dez meninos. Só foram encontrados e sepultados os corpos de dois deles. O corpo do referido menino e dos outros sete não puderam ser encontrados.

Quando o pai voltou de Pádua, o filho mais velho correu-lhe ao encontro com outros nobres e amigos. Imediatamente, o pai perguntou como estava o filho. Eles, não querendo contristá-lo, responderam que o menino estava brincando com os outros.

Ao chegar à casa, perguntou diversas vezes sobre o filho e, sempre, escondiam-lhe a verdade. Por fim, ele disse:

"Hoje não comerei nem beberei enquanto não vir o meu filho."

E eles logo lhe contaram toda a verdade.

Então, desfeito pela tristeza, o pai jurou que daí por diante não haveria de comer nem de beber enquanto Santo Antônio não lhe devolvesse o filho.

Não terminou de dizer essas palavras e eis que veio o menino, precedido pelos outros nove que com ele haviam se afogado. Todos foram ressuscitados pelas preces de Santo Antônio.

Pelo que o pai foi tomado de indizível alegria e todos, em altas vozes, davam graças a Deus e a Santo Antônio.

Capítulo 46 – Como Santo Antônio apareceu a uma mulher desesperada, que tinha por serva o demônio na figura de uma mulher, e a levou à glória

No reino de Portugal, numa vila chamada Linhares, vivia uma certa mulher poderosa que se chamava Loba e tinha por camareira um demônio na figura de uma mulher. Por instigação do demônio, ela era muito cruel e praticava diversos crimes. Que mais? Embora tivesse especial devoção a São Francisco e a Santo Antônio, desesperada pela extrema enfermidade causada pela grandeza de seus pecados, não cuidava da salvação da alma e, de modo algum, queria confessar-se, mesmo que fosse aconselhada a isso.

E, enquanto ali jazia triste e desesperada, eis que entraram em sua casa dois Frades Menores que a confortaram e a induziram à confissão e à penitência. E ela, simplesmente, se recusava, afirmando que cometera tantos pecados que, por mais penitência que fizesse, Deus nunca poderia inclinar-se a usar de misericórdia com ela.

Mas o frade que parecia mais velho disse:

"Se quiserdes confessar os vossos pecados e fazer penitência por eles, eu os recebo todos sobre mim, participarei convosco todos os meus méritos e, pela força da paixão do Senhor, prometo-vos a vida eterna."

Ouvindo essas palavras, a mulher mudou para melhor e animou-se a fazer penitência; de loba converteu-se em ovelha, arrependeu-se dos pecados e, com grandes lágrimas, se confessou. Depois, ela mesma pediu, com devoção, o hábito dos Frades Menores e, recebendo-o das mãos daquele frade, adormeceu felizmente no Senhor.

E, imediatamente, aqueles frades desapareceram. E todos os presentes, não sem razão, reconheceram que eles eram São Francisco e Santo Antônio, de quem ela era muito devota e a quem, com muita devoção, invocava para que viessem em seu auxílio.

Seu corpo foi sepultado no convento da Guarda.

Pouco tempo depois, um certo armeiro veio a Linhares, onde a dita Loba falecera e, à noite, ouviu como que uma voz de mulher que, entre lágrimas, dizia:

"Ó miserável, que sou! Por 14 anos fiz um mau serviço e trabalhei em vão."

O armeiro, contudo, ficou muito aterrorizado e tendo voltado a si, muniu-se com o sinal da cruz e, confortado no Senhor, disse:

"Eu te conjuro por Jesus Cristo, que me digas quem és e por que choras."

Respondeu ela:

"Eu sou o demônio que, em forma de uma mulher, servi à senhora Loba, há pouco falecida, em muitos crimes por 14 anos, a fim de que, por exigência de suas culpas, depois de sua morte, eu a arrastasse para o profundo dos infernos. E agora, no fim, vieram dois encapuzados Frades Menores, que antes ela amara e, inclinando-a à penitência, arrancaram sua alma do meu poder e a levaram consigo para as alegrias do céu. E este será o sinal de que digo a verdade: enquanto estiveres em Linhares, onde ela faleceu, hás de ouvir os clamores do povo, porque um ferreiro matou a esposa e ele foi preso e enforcado pela morte da mulher. E eu, que fui a causa dessa morte, levarei para o inferno tanto a alma do ferreiro quanto a de sua mulher; assim, por uma alma perdida, ganhei duas."

Ouvindo essas palavras, o armeiro continuou seu caminho e, enquanto esteve em Linhares, encontrou enforcado o homem que matara a mulher e revelou o que ouvira a todos os que se admiravam do que acontecera.

Capítulo 47 – Como Santo Antônio livrou uma mulher da obsessão do demônio e do desespero, dando-lhe um pergaminho

No mesmo reino de Portugal, na vila de Santarém, durante o tempo do Rei Dom Dinis[42], vivia uma certa mulher pecadora, mas que tinha uma grande devoção a Santo Antônio. Ela, possessa do demônio, era constantemente tentada a se matar. E parecia que o próprio Cristo lhe falava ao coração, inspirando-a a dizer:

"Ó miserável, cometeste tantas iniquidades contra mim que, talvez, nem matando a ti mesma poderias ser salva."

Ora, enquanto era perturbada não pouco interiormente, aconselhando-lhe estas e outras coisas semelhantes, o próprio

---

42. Dom Dinis foi o marido da rainha Santa Isabel de Portugal, que pertenceu à Ordem Terceira de São Francisco. Ele reinou de 1279 até 1325.

demônio, querendo atormentá-la exteriormente, apareceu-lhe em forma humana, dizendo:

"Eu sou aquele a quem tanto ofendeste; todavia, se fores ao rio Tejo e ali te afogares para a satisfação de tuas culpas, eu te perdoarei todos os pecados e te concederei a glória eterna."

Como lhe dissesse essas coisas aparecendo com frequência, uma vez, quando seu marido a chamou de endemoniada, irritada e desiludida, lá pelas nove horas da manhã, a mulher dirigiu-se ao rio Tejo para ali se afogar e cumprir aquilo que tantas vezes o demônio lhe aconselhara.

Aconteceu, porém, que ao passar diante da igreja dos Frades Menores, já que era o dia da festa de Santo Antônio, entrou na igreja e, prostrada diante do altar na capela de Santo Antônio, entre lágrimas, orou dizendo:

"Santo Antônio, sempre confiei muito em ti. Suplico-te agora a tua benignidade para que te dignes revelar-me se apraz a Deus que eu me afogue no rio, ou se devo abandonar totalmente essa ideia."

Ora, enquanto assim orava, adormeceu docemente e, aparecendo-lhe, Santo Antônio disse:

"Levanta-te, mulher, e guarda este bilhete através do qual receberás a liberdade da tentação do demônio."

E, levantando-se do sono, a mulher viu que, pendurado ao pescoço, tinha um pedaço de pergaminho, no qual estavam escritas, com letras de ouro, as seguintes palavras:

Ecce crucem Domini, fugite partes adversae; vicit Leo de tribu Juda, radix David, aleluia, aleluia![43]

Desde então, ela ficou livre daquela tentação e, enquanto guardou o bilhete consigo, nunca mais o demônio a tentou.

---

43. É a terceira antífona das antigas Laudes da festa da Invenção da Santa Cruz, celebrada a 3 de maio. Hoje, nas igrejas franciscanas, é dada como bênção de Santo Antônio na devoção das terças-feiras. Traduzindo-a: *"Eis a cruz do Senhor, afastem-se de vós todos os inimigos da salvação, porque venceu o Leão da tribo de Judá e raiz de Davi, aleluia, aleluia".*

Mas quando o Rei Dom Dinis ouviu essa história, narrada pelo marido da mulher, pediu para si o referido bilhete. E logo o demônio invadiu novamente aquela mulher.

O marido ficou muito compadecido da mulher e, como não pudesse recuperar o bilhete que fora doado ao Rei Dom Dinis, finalmente, por meio dos Frades Menores, que intercederam por ele junto ao rei, recebeu do rei uma cópia que, entregue à mulher, ficou livre da tentação. E, tendo-se devotamente confessado, com lacrimosa contrição converteu-se totalmente a Deus.

E por vinte anos ainda viveu em santa conversão e acabou seus dias em paz.

O Rei Dom Dinis guardou o pergaminho entre suas relíquias, com o qual realizaram-se muitos milagres por intercessão de Santo Antônio.

Capítulo 48 – Como Santo Antônio libertou uma mulher que, por perturbação, queria se enforcar

No reino de Portugal, numa vila chamada Serpa, vivia uma mulher de nome Sara, especialmente devota de São Francisco e de Santo Antônio. Seu marido, porém, era dissoluto e iníquo e, abandonando a esposa, não só levava uma vida má com concubinas, mas até odiava a própria esposa, batia nela com frequência e a atormentava de muitas outras maneiras.

Com isso, cresceu tanto a tristeza da mulher que, desesperada, resolveu acabar com tanto sofrimento e terminar sua vida, enforcando-se.

E uma noite, em que o marido estava ausente de casa e todos os outros familiares já dormiam, a mulher pendurou uma corda na trave do quarto, pensando pôr o pescoço embaixo na corda e, por instigação do demônio, estrangular a si mesma. Quando, com grande clamor, bateram com força à porta da casa.

Então, a mulher escondeu rapidamente a corda e foi ver quem batera à porta. Quando a abriu, viu dois Frades Menores que, humildemente, pediram-lhe que, por amor de Deus, os recebesse e lhes desse abrigo em sua casa.

A mulher, então, perguntou-lhes de onde eram e qual o seu nome. Quando responderam que vinham de muito longe e que um se chamava Francisco e Antônio o outro, a mulher disse:

"Entrai, por amor de São Francisco e de Santo Antônio, dos quais sempre fui devota."

E preparou-lhe a mesa para que comessem. Enquanto comiam, saciaram a mulher com santas palavras, de modo que ela começou a sentir-se mudada e, por reverência a eles, resolveu não executar naquela noite aquilo que o inimigo do gênero humano lhe sugerira: de se enforcar.

Depois, os frades entraram no quarto que lhes havia sido destinado para o sono e a mulher voltou para o seu leito.

Precisamente, naquela hora, os frades apareceram em sonhos ao marido, dizendo:

"Nós somos São Francisco e Santo Antônio e fomos enviados a ti por Deus para dizer-te que se não te converteres de teu mau caminho, deixando as concubinas, e te dedicares somente à tua esposa, que é a nós devota, dentro de três dias morrerás e serás submerso no abismo do inferno. Pois, nesta noite, tua mulher, atribulada por teus vexames, ter-se-ia enforcado se não tivéssemos ido hospedar-nos em tua casa. Por isso, vai logo ter com ela e, como sinal, pede-lhe a corda com a qual quis se enforcar."

Aterrorizado, o homem logo acordou e arrependeu-se dos pecados e, de manhã, foi para sua casa.

Então, levantara-se a mulher e não encontrando os frades, mas o leito preparado como se ninguém tivesse dormido nele, estava espantada, porque não podia imaginar por onde teriam saído os frades se todas as portas estavam trancadas.

Nisso, chega também o marido, que saudou benignamente a mulher e disse:

"Caríssima, onde está a corda com a qual, nesta noite, quiseste te enforcar?"

Mas ela permaneceu atônita e ele continuou:

"Bem sei que graça te concederam. São Francisco e Santo Antônio livraram a ti e a mim da morte do corpo e da alma e que, ontem, na noite passada tu os recebeste como hóspedes."

Então, ela confessou serenamente a verdade e o marido, por sua vez, descobriu-lhe a visão e, humildemente, pediu perdão à mulher. E, assim, ambos viveram por muito tempo no amor e na concórdia, cheios de exercícios de virtude e, ao mesmo tempo, davam graças a São Francisco e a Santo Antônio.

Capítulo 49 – Como, no dia de sua festa, Santo Antônio foi mostrado na glória a uma mulher numa admirável visão

Perto de uma vila chamada Torres Novas, numa aldeia de nome Alvorão, no reino de Portugal, vivia uma certa mulher casada que, no dia da festa de Santo Antônio, acompanhada de outra moça, ia da referida aldeia de Alvorão para a vila de Torres Novas a moer o trigo. E eis que, de repente, um vento muito forte bateu nela de frente, jogando por terra o saco de trigo que levava na cabeça, e a fez cair de costas no chão.

E logo apareceu um jovem formoso de rosto que, arrebatando sua alma, começou a levá-la consigo. Primeiramente, conduziu-a por um campo muito extenso, até que chegaram a um poço horrível e muito tenebroso, de cuja boca subiam chamas horríveis, que pareciam chegar até o céu.

Também a fumaça era muito densa, negra, e exalava um cheiro fétido; e, vindo de dentro, ouviam-se rugidos, fortes clamores e choros dos torturados e dos torturadores, também lamentações, choro e grande gritaria que vinha daquele abismo.

60

E, olhando para o fundo, a mulher viu diversos tipos de homens, conforme os vários ofícios pelos quais delinquiram e eram atormentados de diversos modos pelos demônios. Viu que os mercadores fraudulentos traziam bolsas de fogo penduradas ao pescoço; os avarentos e usurários eram alimentados com moedas incandescentes; ladrões, adúlteros, homicidas, falsas testemunhas e juízes e outros pecadores eram atormentados com penas adequadas.

Então, a mulher perguntou ao jovem que a conduzia como se chamava aquele lugar. Ele respondeu que era o poço do inferno. E, o que é mais admirável, a mulher viu lá dentro algumas pessoas que ainda viviam neste mundo, mas que haveriam de cair nesses lugares de penas, pois andavam na companhia dos demônios na cidade de Lisboa e na vila de Santarém, cujos nomes ela não calava, embora, segundo dizia, nunca estivera naqueles lugares. E não parece incrível se, na visão, as coisas futuras eram mostradas por Deus como presentes.

Depois disso, a mulher foi levada para outro lugar, aprazível e ameno, matizado de belas e variadas ervas, de todas as flores, e adornado de todos os gêneros de frutos. No centro, viu colocada uma grande tenda, muito branca, de rara beleza, da qual, dois a dois, saíam em procissão alguns homens importantes, ornados com admirável variedade de vestes, trazendo coroas na cabeça; no fim, vinha outro, todo enfeitado, como se fosse um esposo admiravelmente ornado e a quem parecia ser atribuída toda aquela honra processional.

Interrogado pela mulher sobre o que era aquele lugar e quem eram aqueles que via a caminhar com tanto esplendor e bela ordem, o jovem respondeu que aquele era o lugar da paz das almas, que todos haviam sido salvos e aquele último, que caminhava com tanta pompa, era Santo Antônio, cuja festa os outros Santos agora festejavam, pois como os homens na terra solenizam os Santos no seu dia, do mesmo modo, os Santos do céu celebram uns aos outros no dia de sua festa.

E o jovem acrescentou:

"Por isso, foste trazida aqui e viste todas essas coisas para que, nas festas dos Santos, te abstenhas de obras servis e prestes a devida reverência aos Santos, abstendo-te, sobretudo, das más obras."

Ora, enquanto a alma dessa mulher era assim conduzida, seu corpo era levado pelo povo para a referida aldeia a fim de ser sepultado, porque parecia totalmente morta.

E enquanto preparavam o lugar da sepultura, à vista de todos e com grande espanto, a mulher ressuscitou e contou a visão que tivera, primeiro diante de todos, depois a muitos outros e, por fim, contou também a mim, que escrevi estes fatos, toda a história dessa visão.

Capítulo 50 – Como converteu os ladrões pela eficácia de sua palavra

Por volta do ano do Senhor de 1292, um homem muito velho contou a certo Frade Menor que ele vira Santo Antônio.

Contou-lhe que, quando era ladrão e salteador, pertencia a uma gangue de doze ladrões que habitavam nas matas para roubar e assaltar alguns viajantes. E, tendo ouvido falar da fama da pregação de Santo Antônio, combinaram entre si que, um dia, os doze iriam a uma pregação do Santo, com roupas disfarçadas, pois não podiam acreditar naqueles que diziam que sua palavra tinha tamanha eficácia que parecia queimar como a tocha de outro Elias (cf. Eclo 48,1).

Por isso, no dia marcado foram a Santo Antônio, que pregava, e, enquanto ouviam um pouco sua palavra inflamada, começaram a arrepender-se e afligir-se dos pecados, derramando muitas lágrimas. Terminado o sermão, estavam todos arrependidos de seus pecados e crimes. E quando o piedoso padre os ouviu, um após outro, em confissão e impôs a cada um a salutar penitência, proibiu-lhes que, de modo algum, voltassem aos costumeiros crimes, prometendo aos que não voltassem as eternas alegrias e, aos que voltassem aos crimes, porém, prometeu-lhes inauditos suplícios.

Aquele mesmo velho contava também que alguns deles voltaram aos crimes e à vida costumeira e, como o Santo predissera, celeremente caíram em desgraças espantosas; os que não voltaram, porém, perseveraram na paz e no Senhor. Mas àquele velho o Santo impôs que por doze vezes visitasse o túmulo dos Apóstolos.

Este, ao voltar pela décima segunda vez de Roma, entre lágrimas contava ao referido frade que, depois dessa longa peregrinação de misérias, esperava que o Santo cumprisse a promessa das alegrias da vida eterna.

Alguns milagres confirmados por testemunhas diante do bispo de Pádua

Capítulo 51 – Como Santo Antônio curou um surdo-mudo de nascença que era converso das monjas de Pádua

Um Irmão Converso[44] de certas monjas de Pádua tinha 25 anos de idade e era surdo-mudo desde o nascimento. Sua língua era tão pequena, que mal aparecia fora da garganta, e era tão retorcida, que mais parecia um toco de videira e, aos que a olhavam, parecia seca e enrugada.

Numa primeira e numa segunda vez, foi levado por uma visão espiritual a voltar-se de todo o coração para o patrocínio de Santo Antônio. Mas, ignorante e rude como era, não entendeu o significado da visão e começou a procurar Santo Antônio primeiro pela própria casa e, depois, pelas ruas da cidade.

Pela terceira vez foi inspirado de modo semelhante pela mesma visão e, então, dirigindo-se devotamente à igreja de Santo Antônio, ali passou a noite como pôde e, ardentemente, invocou a ajuda do Santo.

Depois das nove horas, porém, subitamente uma luz divina o envolveu todo, o corpo inteiro ficou plenamente banhado de suor e começou a sentir uma grande agitação, tanto na cabeça como nos membros.

Que mais? Logo sua língua atingiu o devido tamanho e ele recebeu a faculdade de falar e de ouvir. Imediatamente sua boca se abriu e ele começou a bendizer a Deus e a Santo Antônio por tamanho benefício.

E, o que é mais admirável, falava como se fosse uma nova língua, mas plenamente compreensível, um idioma não compreendido por ninguém. Por inspiração divina, também conhecia poucas palavras, apenas as necessárias para o uso corrente de falar. Mas contava que não aprendera isso dos homens e todos se admiravam, pois sabiam que ele era surdo-mudo desde o nascimento.

Quando a notícia da novidade do milagre chegou aos ouvidos das pessoas de ambos os sexos, todos julgaram que o

---

44. Irmão Converso era o nome dado ao leigo que estava a serviço de um mosteiro de monjas.

jovem, que antes chamava-se Pedro, deveria chamar-se Antônio, em reconhecimento pelo prodígio recebido.

Capítulo 52 – Como Santo Antônio curou um homem de Pádua a quem os demônios cortaram a língua e arrancaram os olhos

Um certo homem dos arredores de Pádua, querendo saber alguns segredos com a ajuda dos demônios, uma noite meteu-se no círculo dos encantamentos com um clérigo que sabia invocar os demônios pela arte da magia negra. Por isso, quando estava no círculo e o dito clérigo invocou os demônios, estes apareceram com o máximo ruído e reboliço.

E como o homem ficou tão aterrorizado que não sabia responder a nada que os demônios perguntassem, estes logo lhe cortaram totalmente a língua e, ainda, extraíram-lhe os olhos da cabeça. E, depois, quando abria a boca, não aparecia nenhum vestígio da língua e, no lugar onde antes estavam os olhos, havia uma cavidade enorme e profunda.

Assim, sendo muito atormentado pela dor do coração por causa do pecado cometido e do castigo recebido, não podendo confessar o pecado, voltou-se para Santo Antônio a fim de invocar sua ajuda. E quando continuava a orar no convento por muitos dias e noites, os frades a cantar na missa o *Benedictus qui venit in nomine Domini*[45] e o sacerdote a elevar o corpo do Senhor, foram-lhe restituídos novos olhos na cabeça.

Diante de tamanho milagre, reuniu-se muita gente e, rezando com ele, pediam a Deus que, assim como pelos méritos de Santo Antônio lhe restituíra os olhos, se dignasse a restituir-lhe também a língua.

---

45. *Bendito aquele que vem em nome do Senhor*, final do hino de Hosana após o prefácio da missa.

Ora, assim que o coro acabou de cantar *Agnus Dei, dona nobis pacem*[46], imediatamente, foi-lhe restituída a língua e a fala. E, assim, louvava a Deus e apregoava as maravilhas realizadas por Santo Antônio.

Capítulo 53 – Como Santo Antônio curou um frade que estava sem falar e morria de fraqueza

Um certo frade, cujo nome era Bernardino e era oriundo de Parma, ao fim de dois meses de extrema doença, já não podia falar e chegou a tamanha fraqueza que, com seu sopro, nem conseguia apagar uma vela que lhe fosse posta diante dos lábios.

E, embora os mais afamados médicos da Lombardia lhe aplicassem um ferro incandescente por nove vezes na garganta e uma vez na cabeça para conseguir sua cura, o pobre frade não sentiu alívio algum; antes, a enfermidade crescia dia após dia e ele corria o risco de se sufocar.

Resolveram, então, levá-lo a Santo Antônio de Pádua e ali, prostrado diante do túmulo do Santo, devotamente, implorava seu auxílio.

Enquanto lá estava, primeiramente começou a cuspir e a resfolegar fortemente, mas continuava mudo; porém, continuando a oração com muitos frades e com a presença do povo, que ali acorrera por ocasião da festa e de assistir ao milagre, de repente, o doente vomitou uma horrível quantidade de pus, recuperou a fala e a plena saúde.

E, logo, prorrompendo em louvores ao Santo, cantaram a antífona *Salve Regina*[47], juntamente com o ministro e o leitor, que estavam presentes a tão grande milagre e acompanham o canto com vozes alegres.

---

46. *Cordeiro de Deus, dá-nos a paz*, final da terceira invocação ao Cordeiro de Deus, antes de receber a sagrada Eucaristia.

47. *Salve Rainha*, uma das antífonas de louvor a Nossa Senhora, ainda hoje cantada em latim e rezada em vernáculo pelo povo cristão.

Capítulo 54 – Como Santo Antônio ressuscitou um menino afogado num recipiente de água

O menino Tomasino tinha uns 20 meses de idade e vivia com seus pais em Pádua, perto da igreja de Santo Antônio. Um dia, por descuido, sua mãe o deixou sozinho próximo a um recipiente cheio de água e saiu para os afazeres de casa.

Quando a mulher voltou para casa, vendo que os pezinhos do menino boiavam à flor da água, aproximou-se e viu o filho afogado, com os pés para cima e a cabeça no fundo do recipiente. Aos gritos de desespero, puxou-o para fora da água, já rígido e morto.

Sobressaltada com o choro e os gritos da mulher, toda a vizinhança acudiu imediatamente. Dessa forma, reuniram-se muitas pessoas e vieram também alguns frades com seus operários, que estavam a reparar algumas coisas na igreja de Santo Antônio. E todos, ao ver o menino totalmente morto, compadeciam-se das dores e das lágrimas da mãe.

A mãe, porém, apegando-se aos méritos de Santo Antônio, aos gritos, invocou seu auxílio e prometeu dar aos pobres tanto trigo quanto fosse o peso do menino se Santo Antônio o ressuscitasse dos mortos.

Logo, o menino ressuscitou e, vivo, foi entregue à sua mãe.

Capítulo 55 – Como Santo Antônio libertou uma mulher que sofria de uma grave úlcera na cabeça

Uma certa mulher da Diocese de Forli, de nome Beatriz, há dez anos sofria de uma perigosa doença chamada nacta[48]. Na cabeça, sobre o crânio, crescera-lhe um tumor do tamanho de um punho.

Como não pudesse encontrar remédio na ciência dos mais peritos médicos, com muita devoção, começou a invocar

---

48. *Nacta* era um esteatoma, um quisto cebáceo que aparecia externamente.

o auxílio de Santo Antônio, prometendo que, se lhe fosse restituída a saúde, circundaria todo o seu altar com um fio de prata.

Na mesma noite, enquanto ela dormia, Santo Antônio lhe apareceu e, segundo lhe parecia, com suavidade e brandura da paciente, dividiu aquela inflamação em quatro partes, restituindo-lhe, assim, a plena saúde.

Por isso, a visão desapareceu, mas não desapareceu a força do Santo. Pouco tempo depois, como na visão foi mostrado, a inflamação dividiu-se em quatro partes, e, saindo dela grande quantidade de matéria e de pus, a cabeça da mulher ficou plenamente curada, anunciando os milagres de Santo Antônio.

E a mulher veio a Pádua e, conforme prometera, circundou o túmulo do Santo com um fio de prata.

Capítulo 56 – Como Santo Antônio curou o grande sofrimento de uma ruptura

Um certo frade, de nome Câmbio, da Província da Romênia, sofria de uma hérnia horrível. Mesmo usando um cinto de ferro, o peso puxava os intestinos para baixo, causando-lhe dores insuportáveis.

Não encontrando remédios, no dia de Santo Antônio veio a Pádua para implorar o auxílio do Santo. Mas, por causa da multidão de enfermos que acorriam em busca de remédio, não conseguiu colocar-se entre as colunas do túmulo, chegou apenas a tocar o sepulcro do Santo com a mão e, com grande confiança, colocou-a sobre os intestinos que caíam. E, ó maravilha! Os intestinos, imediatamente, voltaram ao seu lugar e a ruptura, que não era só uma pequena abertura, fechou-se e se consolidou; de modo que, como dizia Frei Câmbio, dificilmente na testa era mais sólido do que no lugar da referida abertura.

Daí que depois, saltando de alegria, louvava o Santo e dizia:

"Não está longe o tempo em que eu não podia fazer estas coisas!"

Capítulo 57 – Como Santo Antônio apareceu numa visão a um certo médico chamado Pedro

No ano do Senhor de 1367, Eduardo[49], príncipe da Aquitânia, reuniu um grande e bem armado exército para ajudar a Dom Pedro[50], rei de Castela, a quem Dom Henrique, seu irmão ilegítimo, havia expulsado e afugentado do trono.

O referido senhor príncipe Dom Pedro ordenou a um médico-cirurgião, chamado Pedro, residente na cidade de Bordéus, que acompanhasse seu exército, a fim de prestar os serviços necessários aos que ficassem feridos. Por vários motivos, a ordem foi muito grave e dura para o médico Pedro. Mas, pensando ser irrevogável a vontade do príncipe, ele simplesmente não esboçou resistência alguma.

Já que tinha especial devoção a Santo Antônio, dirigiu-se, confiante, ao convento dos Frades Menores de Bordéus e pediu a um frade que rezasse a santa missa numa capela onde havia uma imagem de Santo Antônio esculpida em madeira.

Tendo Pedro ouvido a missa com muita devoção, com grande fervor orou para a mesma imagem do Santo, a fim de que, se a dita viagem não fosse para a utilidade da salvação de sua alma, miraculosamente Santo Antônio a impedisse. E se devesse acontecer, que lhe mostrasse sua vontade e ele haveria de cumprir sua obrigação.

---

49. Trata-se de Eduardo de Woodstock, Príncipe de Gales, cognominado o Príncipe Negro, por causa da cor de sua armadura, e que, sendo príncipe também da Aquitânia, tinha pretensões à coroa da França, onde era Rei Felipe VI, contra quem Eduardo lutou na Guerra dos Cem Anos (1337-1453) entre a França e a Inglaterra. Além disso, é célebre pelo combate de Poitiers, em 1356, quando venceu a João, o Bom, rei da França, filho de Felipe VI, e o deportou para a Inglaterra.

50. Este é Dom Pedro I, rei de Castela, cognominado o Cruel, filho ilegítimo de Afonso XI e de Maria de Portugal – a formosíssima Maria de *Os Lusíadas*, de Camões. Dom Pedro I foi deposto e assassinado em 1369 por seu irmão Henrique de Trastámara, também filho ilegítimo de Afonso XI, que queria apoderar-se do reino.

Ó maravilha de se narrar! Enquanto assim orava, olhou atentamente para a imagem de madeira e viu que ela movia a cabeça para um lado e para outro, como faz a pessoa que tem a intenção de negar alguma coisa. Ele ficou deveras surpreso, pensando que, talvez, aquilo fosse fruto de uma veemente imaginação ou efeito de uma alucinação da fantasia e estaria vendo algo errado.

Por isso, reuniu todas as forças interiores, aguçou o olhar e, assim, olhando atentamente para a imagem, resumiu novamente a dita oração. E, de novo, percebeu claramente que a imagem de madeira estava como que a negar alguma coisa, movendo a cabeça para um lado e para outro.

Terminada a missa, Pedro retirou-se muito admirado, mas sem atinar com o significado daquele portento, isto é, se, com aquele sinal, Santo Antônio indicava que Pedro não devia seguir o referido exército, ou, se o seguisse, significava que não era proveitoso para a sua alma. E, assim, admirado e duvidoso, voltou para a sua própria casa.

Mas não demorou muito e chegou um mensageiro da parte do senhor príncipe para dizer-lhe que, sem demora, fosse à sua presença. Pedro foi logo para a casa do dito príncipe, quando encontrou um senescal que lhe disse:

"Estais disposto e pronto a acompanhar o dito príncipe para a Espanha, conforme as ordens que dele recebestes?"

Temeroso, Pedro lhe respondeu:

"Senhor, estou pronto a cumprir em tudo a vontade do senhor príncipe."

Ao qual, como que sorrindo, com rosto alegre, o senescal respondeu:

"Vós falais muito bem como servo bom e fiel. E, para a vossa consolação, o senhor príncipe vos concede que permaneçais aqui, a não ser que recebais outra ordem."

Não cabendo em si de contente, Pedro voltou para a igreja dos Frades Menores e, agradecendo a Santo Antônio, narrou o acontecido a alguns frades e, tocando as Sagradas Escrituras, confirmou por juramento que tudo aquilo era verdade.

Capítulo 58 – Como Santo Antônio libertou a cidade de Pádua de um tirano que ali mandava

Naquele tempo em que, por mão do Senhor, a cidade de Pádua foi arrancada das mãos do referido pérfido tirano Ezzelino de Romano[51], dando fim a suas brutais crueldades, na noite da festa de Santo Antônio a dita cidade foi completamente cercada pelo Legado da Igreja e seu exército.

O Guardião dos Frades Menores de Pádua, Frei Bartolomeu de Corradino, passava a noite junto ao sepulcro do Santo, vigiava e, com insistentes lágrimas, implorava ao Santo a libertação da cidade. De repente, do túmulo soou muito claramente uma voz que dizia:

"Frei Bartolomeu, não temas nem te perturbes, mas conforta-te e alegra-te, pois, misericordiosamente, obtive do Senhor que, na Oitava da Solenidade, minha cidade de Pádua conquistará a antiga liberdade e fruirá de sua velha imunidade."

E, assim, por graça de Deus, aconteceu como o Senhor dispusera. E muitos frades que vigiavam na igreja testemunharam que realmente ouviram aquela voz.

Depois, quando a notícia chegou ao conhecimento dos Paduanos, todos decretaram que celebrariam cada ano a Oitava da Festa de Santo Antônio com imensa alegria, como se fosse o dia da festa. E, por graça de Deus, conserva-se esse costume ainda no presente para a glória de Deus e o louvor de Santo Antônio.

---

51. A data deste episódio é 19 de junho de 1256. O Legado Apostólico nomeado era Felipe Fontana, Arcebispo de Ravena de 1251 a 1274.

Capítulo 59 – Transladação dos restos mortais de Santo Antônio e o milagre de sua língua

No ano da Encarnação do Senhor de 1263, depois que, pelos méritos e intercessão de Santo Antônio, aprouve a Deus que a cidade de Pádua fosse libertada do poder e do jugo do referido tirano Ezzelino de Romano, como prova da grandíssima devoção ao Santo, os cidadãos de Pádua ergueram uma solene e grande igreja em sua honra.

Por isso, decidiram que, na Oitava do dia da Ressurreição do Senhor[52], também o corpo do Santo fosse transferido para um sepulcro novo. Porque o corpo permanecera sob a terra por muito tempo[53], quando começaram a abrir o túmulo, encontraram sua língua incorrupta, vermelha e bonita, como se tivesse morrido naquele instante, embora já tivessem passado 27 anos ou mais que estava debaixo da terra, como se o padre santíssimo tivesse morrido naquela hora.

E o venerável varão, Frei Boaventura[54], então Ministro Geral da Ordem e, depois, Cardeal e Bispo de Albano, que estava presente às alegrias dessa transladação, recebendo a língua em suas mãos, com reverência e banhado em lágrimas, começou a falar diante de todos, pronunciando as seguintes palavras:

"Ó língua bendita, que sempre louvaste e bendisseste a Deus e abençoaste as outras pessoas, agora claramente nos mostras quantos méritos tens junto a Deus!"

E, dando-lhe doces e devotos beijos, ordenou que, honrosamente, a colocassem no alto.

---

52. Em 1263, a Páscoa foi celebrada no dia 1º de abril. Portanto, a Oitava da Ressurreição do Senhor, *Domingo in albis*, caiu em 8 de abril.

53. O corpo de Santo Antônio ficou no primeiro sepulcro por 32 anos, 3 meses e 10 dias, já que foi sepultado no dia 17 de junho de 1231.

54. São Boaventura de Bagnoregio foi Ministro Geral da Ordem de 1257 até 1274, tendo-se tornado Cardeal e Bispo de Albano em 1273.

Capítulo 60 – Como morreram subitamente aqueles que queriam destruir a imagem de Santo Antônio no Latrão

Ora, no tempo do senhor Papa Bonifácio VIII[55], foi restaurada a tribuna da Basílica do Salvador em Roma[56], que se chamava episcópio. Para o trabalho de pintar o mosaico da ábside, foram encarregados dois Frades Menores, muito conhecedores e experimentados nessa arte.

Quando fizeram as imagens que o mesmo senhor papa ordenara que fossem pintadas, vendo que ainda sobrava algum espaço livre, seja por vontade própria, seja por inspiração divina, os dois frades resolveram pintar ali as imagens de São Francisco e de Santo Antônio[57].

Quando a notícia chegou aos ouvidos do mesmo senhor papa, ele deu ordens a alguns clérigos que, por maledicência ou por inveja, haviam denunciado o fato, e falou:

"Quanto à imagem de São Francisco, já que está lá, serenamente a toleramos; quanto a Santo Antônio de Pádua, porém, o que temos nós a ver com ele? Portanto, retirem sua imagem e, em seu lugar, mandem colocar a imagem de São Gregório."

Quando os clérigos se aproximaram, todos, um após outro, confessaram que, ao subirem à ábside, apareceu-lhes visivelmen-

---

55. O Papa Bonifácio VIII regeu a Igreja de 1294 a 1304. O evento aqui recordado aconteceu em 1296.

56. Trata-se da Basílica de São João do Latrão, em Roma, que é a igreja Catedral do papa, como bispo de Roma, e é considerada mãe e cabeça de todas as igrejas da cidade e do mundo. Ali se achava o *episcópio*, o lugar de onde o papa ensinava.

57. Note-se que, no mosaico da ábside da igreja de São João do Latrão, ainda hoje, ao lado esquerdo, entre as imagens de Nossa Senhora e de São Pedro, está pintada, em tamanho menor, a imagem de São Francisco e, ao lado direito, entre a imagem de São João Batista e São João Evangelista, está a imagem de Santo Antônio. Evidentemente, não queremos dizer que as duas imagens têm alguma relação com o que se narra aqui, mas é verdade que estão lá.

te uma pessoa horrível, que, do alto, os lançava para baixo, em terra, e, como que com fúria, foram impedidos de cumprir a ordem recebida.

E, de acordo com o que relataram os frades, alguns morreram logo, outros exalaram o último suspiro pouco tempo depois.

Ouvindo essas coisas, o referido papa aconselhou aos que narravam:

"Deixem estar aquele Santo como ele quiser, porque, conforme vemos claramente, com ele mais havemos de perder do que de lucrar."

Capítulo 61 – Como Santo Antônio apareceu com São Francisco a um enfermo e, miraculosamente, o curou

Na cidade de Beja[58], no reino de Portugal, vivia um certo homem, de nome Pedro Petri, poderoso e rico, tão ligado por devoção à Ordem dos Frades Menores que lhe deu um lugar para a construção do convento e de vários outros edifícios.

Ora, sucedeu que Pedro veio a adoecer gravemente. E, uma noite, quatro frades e muitas outras pessoas estavam fazendo guarda em seu quarto, esperando o seu passamento. Por devoção, o dito Pedro mantinha sobre si o hábito dos frades e com eles queria ser sepultado.

E eis que, de repente, apareceram dois frades, postando-se um à sua esquerda e o outro à sua direita. Um deles lhe disse:

"Pedro, tu nos conheces?"

Ele respondeu:

"Vejo que sois Frades Menores. Pessoalmente, porém, não vos conheço."

Então, o frade esclareceu:

---

58. Beja é uma cidade fortificada na província de Alentejo, situada à direita de Guarda.

"Eu sou São Francisco e este outro é Santo Antônio. Por causa da devoção que sempre nos tiveste e pelos benefícios que fizeste a nossos frades neste convento, fomos enviados para te consolar e curar-te dessa enfermidade."

Então, em atitude de quase adoração, Pedro pediu a São Francisco que se dignasse abençoar o hábito que tinha sobre si. Assim que São Francisco abençoou o hábito, ambos desapareceram.

E Pedro convalesceu com tal celeridade que causou admiração em todos os presentes. E, desde então, ele viveu mais doze anos e nunca levou consigo alguma chave de nenhum outro tesouro, senão a chave do cofre onde guardava aquele hábito bento, com o qual morreu e foi sepultado.

Conecte-se conosco:

f facebook.com/editoravozes

◉ @editoravozes

𝕏 @editora_vozes

▶ youtube.com/editoravozes

◯ +55 24 2233-9033

www.vozes.com.br

Conheça nossas lojas:

www.livrariavozes.com.br

Belo Horizonte – Brasília – Campinas – Cuiabá – Curitiba
Fortaleza – Juiz de Fora – Petrópolis – Recife – São Paulo

EDITORA VOZES LTDA.
Rua Frei Luís, 100 – Centro – Cep 25689-900 – Petrópolis, RJ
Tel.: (24) 2233-9000 – E-mail: vendas@vozes.com.br